Σ BEST シグマベスト

必修整理ノート

政治・経済

JN072814

文英堂

本書の特長と構成

① 見やすくわかりやすい整理の方法を提示

　本書では，「政治・経済」の全内容について最も適切な整理の方法を示し，それによって内容を系統的に理解できるようにしました。

---

② 書き込み・反復で重要事項を完全にマスター

⚠️ 重要語句で整理　学習上の重要語句を空欄で示しています。空欄に入れる語句や数字を考え，それを書き込むという作業を反復することで，これらの重要点を完全にマスターすることができます。

出る　テストによく出題される範囲です。

Point　最低限覚えておかなければならない重要事項です。

---

③ 図表・グラフで，よりわかりやすく

⊞ 図表で整理　テストや試験によく出る重要事項を，図表やグラフにまとめました。空欄で示している重要語句を書き込み，図表を完成させることで，知識を整理することができます。よく出る図表に慣れておくことで，図表問題の読み取りにも対応できるようになります。

---

④ 正誤問題で知識を定着

⊗ 正誤問題でチェック　正誤問題を解くことで，その単元の学習内容が身についたか，チェックすることができます。間違えた問題は，「重要語句で整理」「図表で整理」を見直してから解きなおすことで，知識をより定着させることができます。

---

⑤ 厳選された問題で実力アップ

定期テスト対策問題　章ごとに設けています。重要事項をまとめて出題しているので，しっかりとした実力が身についたかどうか，ここで確認できます。

目 次

民主政治の基本原理

1 政治と法

[解答] 別冊p.3

⚠ 重要語句で整理

1 民主政治の成立

① **政治と権力** 社会全体の運営に関する意思決定を行う活動を [❶   ] といい, その決定を行うための強制力を [❷   ]※1 という。

② **国家の三要素** 主権国家は領土・領空・領海からなる [❸   ]※2 と そこに住む [❹   ], 統治する最高権力である [❺   ]※3 をもつ。

③ **政治権力の正統性** [❻   説] を唱えたホッブズらは, 国家の政治権力の正統性を神の意思ではなく個人の意思に求めた。

2 法の支配 出る

① **法の区分** 政府などが法を制定する前から存在する, 人間の本性に根ざした普遍的な [❼   ]※4 と, 政府などが一定の手続きによって制定した [❽   ] がある。[❽] はさらに, 文書化された成文法と, 慣習や判例などの [❾   ] に分かれる。

② **国内法の区分** 国家のしくみ, 国家と個人の関係を定める [❿   ] と, 個人や法人相互の関係などを定める [⓫   ] がある。

③ **近代法の原則** [⓬   ]※5 の禁止(立法の時点よりさかのぼって法を適用してはならない), 所有権絶対の原則, 私的自治の原則, 契約自由の原則など, 人権を守るためのさまざまな原則が設けられている。

④ **中世イギリスの法観念** 13世紀の [⓭   ]※6 (大憲章)では, 支配者であっても法に従わなければならないとする [⓮   ]※7 が宣言された。エドワード・コーク(クック)らは [⓯   ]※8 (普通法)の優位を唱えた。

⑤ **近代ドイツの法観念** 法の内容にかかわらず, 一定の形式を備えた法であれば, 政治は法に従うべきだとする [⓰   ] を掲げた。

⑥ **近代憲法の基礎** 憲法は権力を抑制するために制定されるべきものだとする [⓱   ] の考え方は, 法の支配, 基本的人権, 権力分立などと並ぶ, 民主政治の基本原理とされている。

> **Point**
> ▶ 主権国家の三要素…領域, 国民, 主権
> ▶ 法の支配…マグナ・カルタ, コモン・ローの伝統

※1 マックス・ウェーバーは, この権力による支配の正統性(正当性)を3つに分類した。
① **合法的支配**(支配が法にかなっている議会制民主主義など)
② **伝統的支配**(伝統や慣習に基づいている君主制など)
③ **カリスマ的支配**(支配者の特別な資質に基づいていること)

※2 1982年に採択された国連海洋法条約によって, 基線(低潮線)から12海里以内の範囲と定められた。

※3 16世紀の法学者ボーダンが, 『国家論』の中で理論化した。

※4 国家や個人がこれに反すれば, 刑罰や制裁を科せられたり, 賠償を命じられたりする。これを「法の強制力」という。

※5 **日本国憲法第39条**

> 何人も, 実行の時に適法であった行為又は既に無罪とされた行為については, 刑事上の責任を問はれない。

※6 貴族の権利を国王に認めさせた。

※7 「人の支配」に対立する概念である。

※8 中世以来の慣習法を基礎とする判例法のこと。13世紀の法律家ブラクトンの言葉に基づく。

⊞ 図表で整理

● 法の分類

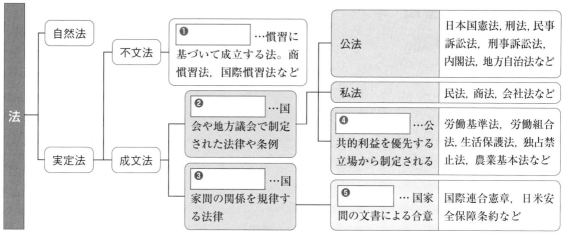

	日本国憲法, 刑法, 民事訴訟法, 刑事訴訟法, 内閣法, 地方自治法など
公法	
私法	民法, 商法, 会社法など

法
- 自然法
- 実定法

不文法
- ❶ [　　　] …慣習に基づいて成立する法。商慣習法, 国際慣習法など

成文法
- ❷ [　　　] …国会や地方議会で制定された法律や条例
- ❸ [　　　] …国家間の関係を規律する法律

公法 … 日本国憲法, 刑法, 民事訴訟法, 刑事訴訟法, 内閣法, 地方自治法など

私法 … 民法, 商法, 会社法など

❹ [　　　] …公共的利益を優先する立場から制定される … 労働基準法, 労働組合法, 生活保護法, 独占禁止法, 農業基本法など

❺ [　　　] …国家間の文書による合意 … 国際連合憲章, 日米安全保障条約など

● 支配の形態

	権力の主体	権力行使の形態
❻ [　　] の支配	権力者	権力者の意思に基づく決定・執行
❼ [　　] の支配	社会を構成する人々	同意や約束に基づく決定・執行

● 私法の原則

❽ [　　] の原則	個人は私有財産を自由に使用・処分することができる。
❾ [　　] の原則	売買などの活動を個人が自由に行うことができる。
❿ [　　] の原則	個人の自由な意思に基づいて, 契約の内容を決定できる。
過失責任の原則	故意または過失で他人に損害をあたえたのでなければ, 責任は問われない。
権利能力平等の原則	個人に対して平等に権利をもつ資格はあたえられるが, 一方で義務が生じる。

⊗ 正誤問題でチェック

内容の合っているものには〇, 誤っているものには×をつけよう。

① 領土と領海上空の5,000kmまでが領空であり, 宇宙には領有権がおよばない。 [　　]

② 国際法には, 条約などの成文国際法と, 慣習国際法(国際慣習法)とがある。 [　　]

③ ボーダンは, 人間が自然状態から脱し平和を創り出すために, 契約により国際機構をつくるべきであるとした。 [　　]

④ エドワード・コーク(クック)は, コモン・ローの伝統を重視し, 国王といえども法に従わなくてはならないと主張した。 [　　]

⑤ 議会の委任によって, ある思想や行動が合法か違法かを法務大臣が判断できるようにすることは, 法の支配の実現をはかる手法として有効である。 [　　]

2 民主政治の成立

⚠ 重要語句で整理

1 民主政治の理念 出る

① **民主政治の成立** 中世のヨーロッパでは，国王の権力は神に由来するという [❶   ] に基(もと)づき，1人の君主が権力を掌握(しょうあく)する絶対王政が成立。近代に入り，市民階級が中心となって [❷   ] をおこして絶対王政を倒し，民主政治へと転換した。

② **社会契約説**[※1] 人間は生まれながらに権利をもつという [❸   思想[※2]] をもとにした社会契約説が，欧米における革命を支えた。

③ **ホッブズ**[※3] 『リバイアサン』のなかで，自然状態の人は自らの自然権を主張し争い合う，「万人の万人に対する [❹   状態]」だと表現した。

④ **ロック**[※4] 『統治二論』(『市民政府二論』)で [❶] を批判，人民がもつ [❸] を政府が侵害した場合，人民は [❺   権] (革命権)をもつとした。

⑤ **ルソー**[※5] 『社会契約論』で，公共の利益の実現をめざす [❻   [※6]] に基づいて，真の自由・平等が実現されると説いた。

2 民主政治の実現

① **国民主権の成立** 清教徒(ピューリタン)革命や名誉革命(イギリス)，アメリカ独立戦争，フランス革命を経て，[❼   ] が人民にあるとする人民主権(国民主権)の原理が確立した。また，人民は最高法規である憲法を制定する [❽   権力] をもつとされた。

② **民主主義の種類** [❾   の原理] に基づき，全国民の代表で構成された議会における公開の討論を通じて政治方針を決める原理(審議の原理)，議会制民主主義(代表民主制，間接民主制)がイギリスで最初に成立した。これに対して，ルソーは人民投票などによる [❿   制] を主張した。

③ **民主政治の決定** 多数の意見に従うという [⓫   原理[※7]]。

④ **権力分立** 国家権力の強大化を防ぐため，政府を構成する権力が互いに抑制(よくせい)・均衡(きんこう)し合う(チェック・アンド・バランス)。ロックは，立法権と執行権(しっこう)，同盟権に分け，立法権を優位に立たせることを主張した。

⑤ **三権分立** モンテスキューは，著書『[⓬   [※8]]』で，立法・行政・[⓭   ] を異なる機関に担わせる三権分立を主張した。

> **Point**
> ▶社会契約説…ホッブズ，ロック，ルソー
> ▶民主政治の原理…国民主権，権力分立

※1 生まれながらに自由などの権利をもつ人間が，国家の樹立(りつ)のために互いに結ぶ契約を，社会契約とよぶ。
※2 国家や法律の成立に先立って，本来人間に備わっている権利のこと。
※3 イギリスの哲学者。国家を，旧約聖書に登場する怪物リバイアサンにたとえた。
※4 イギリスの哲学者。名誉革命を正当化し，アメリカ独立戦争に影響をあたえた。
※5 フランスの思想家。主権は直接民主制に基づいて行使されるとした。フランス革命に影響をあたえた。
※6 ルソーは，主権はこれに基づいて行使され(人民主権)，分割・譲渡することはできず，人々は自ら定めた法に従うほかないとした。

※7 フランスの政治学者トックビルやイギリスの哲学者J.S.ミルは，これによって少数者の権利がふみにじられることを「多数者の専制」とよんで，警戒を促した。
※8 **モンテスキューの三権分立**

> 同じ人が立法権と行政権を一身に集める場合，自由は存在しない。裁判権が立法権および行政権から離れていない場合にも自由は存在しない。もし，同じ人がこれら三つの権力を行使するならば，すべては失われてしまうだろう。

⊞ 図表で整理

● 社会契約説

人物	国	著書	主張
❶ （1588～1679）	イギリス	『リバイアサン』	自然状態における自由は互いに衝突し，「万人の万人に対する闘争」状態が生じる。
❷ （1632～1704）	イギリス	『統治二論』 （『市民政府二論』）	自然権を保持するための抵抗権を理論化。 →1688年におこった ❸ を正当化した。
❹ （1712～78）	フランス	『社会契約論』	自由・平等を保つため，社会全体の利益をめざす全人民の一般意志（意思）による統治を唱える。

● 権力分立のしくみ

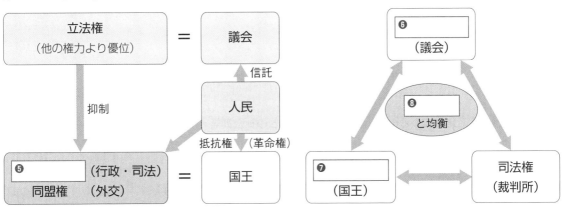

[ロックの考え方]

立法権（他の権力より優位） ＝ 議会

抑制

信託

人民

❺ （行政・司法）同盟権（外交） ＝ 国王

抵抗権（革命権）

[モンテスキューの考え方]

❻ （議会）

❽ と均衡

❼ （国王）

司法権（裁判所）

⊗ 正誤問題でチェック

内容の合っているものには〇，誤っているものには×をつけよう。

① 16～18世紀のヨーロッパでは，国王の権力は神から授けられたものであるという王権神授　［　　］
説に基づく絶対王政がしかれていた。

② ロックは『統治二論』で「人間は自然状態の下で生命・自由・財産などに対する固有の権利　［　　］
をもっており，それを守るために社会契約を結んで国家や政府を組織する」と述べた。

③ ホッブズによれば，各人は自らの生命と安全を確保するために，主権者に自然権を譲渡す　［　　］
ることなく国家の運営に参加する必要がある。

④ ルソーは，「自然権を保障すべき政府が人々の権利を侵害した場合，人々は政府に抵抗する　［　　］
権利がある」と主張した。

⑤ バージニア権利章典は，国王の専制に対して貴族の伝統的な自由を擁護する宣言であり，　［　　］
法に基づかない逮捕・監禁の禁止を要求している。

⑥ フランス革命において，国民議会で採択されたフランス人権宣言第16条では，「権利の保障　［　　］
が確保されず，権力の分立が規定されないすべての社会は，憲法をもつものではない」と規
定している。

3 基本的人権の確立

⚠ 重要語句で整理

1 基本的人権 出る

① **人権の保障** 近代の市民革命のなか，イギリスでは，[❶   ※1] (1628年)，権利章典(1689年)が出された。アメリカでは，バージニア権利章典(1776年)や[❷   ] (1776年)が出され，フランスでは，[❸   ※2] (1789年)が出された。これらにより，生命・信条・財産などを確保する[❹   権]が保障された。

② **国民主権の原理** ※3 18世紀の人権宣言以降，国民主権がうたわれるようになった。イギリスの場合も，17世紀以降，「[❺   ]は君臨すれども統治せず」の慣習が定着し，国民主権が実質的に行われた。

2 人権の歴史的発展

① **資本主義経済の進展** [❹]を保障することによって資本主義経済が発展し，[❻   ※4]は自由放任(レッセ・フェール)を主張した。その反面，工業化による公害問題，労働問題などの社会問題が発生。ラッサールは※5，自由主義国家は，必要最小限の公共事業と私有財産の保護を役割とする[❼   国家]にすぎないと批評した。

② **参政権** 19世紀前半のイギリスのチャーティスト運動を経て，第一次世界大戦後には[❽男子   制]が実現した。

③ **社会的弱者の救済** 1917年のロシア革命の影響を受けて，社会的弱者の生活を保障する[❾   ※6 権]が主張された。1919年にドイツで制定された[❿   ※7]は，男女平等の普通選挙とともに[❾]を保障し，社会的平等の実現を目的とする[⓫   国家]が出現した。

④ **人権の国際化** 1948年，国際連合は[⓬   ]を採択し，達成すべき人権保障水準を各国に示した。この具体化のために，1966年，A規約※8とB規約※9，選択議定書※10からなる[⓭   ]を採択した。

⑤ **国際連合における人権保障** 人種・民族などの違いによる差別をなくすための[⓮   条約] (1965年)，政治・社会的活動における女性差別をなくすための[⓯   条約] (1979年)，満18歳未満の子どもの生きる権利，意見表明の権利などを守るための[⓰   条約] (1989年)などがある。

Point
▶ 人権保障の歴史…自由権から参政権，社会権へと拡大
▶ 人権保障の国際化…世界人権宣言のほか，各種の人権条約を採択

※1 不法な逮捕，議会の同意のない課税などを行わないよう，イギリス議会が国王に請願した。

※2 **第1条**
> 人は，自由かつ権利において平等なものとして出生し，かつ生存する。

※3 人民に政治の決定権があるという思想は，アメリカ大統領リンカンの「人民の人民による人民のための政治」という言葉にも表れている。

※4 18世紀のイギリスの経済学者。国家の役割を治安維持など最小限の機能に限定し，経済活動には介入しない「消極国家」を主張。
※5 19世紀のドイツの社会主義者。

※6 生存権，教育を受ける権利，労働基本権などからなる。
※7 ドイツ共和国憲法。1933年のナチスによる政権掌握により廃棄された。

※8 社会権規約といわれる。「経済的，社会的及び文化的権利に関する国際規約」。
※9 自由権規約といわれる。「市民的及び政治的権利に関する国際規約」。
※10 日本は，祝祭日の給与，公務員のストライキ権，高校・大学の無償化の3点を留保して，1979年にA規約とB規約を批准したが，選択議定書についてはまだ批准していない。なお，高校・大学の無償化は2012年に留保を撤回した。

図表で整理

● 人権保障の歴史

年	国	名称	内容
1215	イギリス	❶	貴族が王権を制限する
1628	イギリス	権利請願	議会が王権を制限する
1642	イギリス	清教徒(ピューリタン)革命	
1688	イギリス	❷　革命	
1689	イギリス	❸	人民の自由と権利を宣言する
1776	アメリカ	❹　権利章典, アメリカ独立宣言	
1787	アメリカ	アメリカ合衆国憲法	人民主権や三権分立を掲げる
1789	フランス	フランス人権宣言	
1791	フランス	フランス憲法	
1863	アメリカ	奴隷解放宣言	❺　大統領による
1867	イギリス	第二次選挙法改正	❻　運動による
1871	イギリス	❼　の合法化	
1919	❽	ワイマール憲法	社会権を保障する

● 国際連合による人権保障

年	名称
1948	集団殺害罪の防止及び処罰に関する条約(ジェノサイド条約)
1949	人身売買及び他人の売春からの搾取の禁止に関する条約
1951	❾　の地位に関する条約
1953	❿　の参政権に関する条約
1966	経済的, 社会的及び文化的権利に関する国際規約 市民的及び政治的権利に関する国際規約　　〉国際人権規約 市民的及び政治的権利に関する国際規約の ⓫　議定書
2006	⓬　の権利に関する条約

正誤問題でチェック

内容の合っているものには○，誤っているものには×をつけよう。

① 1789年のフランス革命における人権宣言は，古典的な自由を宣言したものであり，日本国　　[　　]
憲法の基本的人権に関する規定のもとになっている。

② アメリカ独立宣言では，「権利の保障が確保されず，権力の分立が規定されないすべての社　　[　　]
会は，憲法をもつものでない。」と述べている。

③ 国際人権規約は西欧諸国の意向を反映し，社会権の規定を除外した文書である。　　　　　　[　　]

④ 人種差別問題に関して，国際的な人権保障の一環として，国際連合で人種差別撤廃条約が　　[　　]
採択された。

4 現代の民主政治

⚠ 重要語句で整理

1 民主政治の形態 出る

① **民主政治の展開** 国民主権を実現する理想的な方法は，国民が政治に直接参加する[❶　　　　　制]であるが，人口が多いなどの理由でその実施は難しい。そこで，選挙によって代表者を選出して立法や行政にたずさわらせる[❷　　　　　制]（代表民主制，議会制民主主義）が採用されている。

② **民主主義の手法**※1 多くの観点を考慮に入れ，調整を重視して合意形成をはかる[❸　　　　　民主主義]※2に対し，議会で多数を占める政党が強い力をもつ[❹　　　　　民主主義]※3がある。

③ **民主政治の特徴** 選挙によって多数を得た政党の党首が首班指名を受けて政府を組織する[❺　　　政治]。

④ **選挙制度の変化** イギリスのチャーティスト運動※4を経て，第一次世界大戦後には男子の普通選挙制が実現。一部の財産がある者だけでなく，大衆が政治の主役となり，[❻　　　民主主義]※5の時代を迎えた。

⑤ **独裁政治の登場** 大衆の台頭を背景に，世界恐慌のころのドイツやイタリアで[❼　　　　　]とよばれる独裁政治が登場。国民の権利や自由を否定し，少数民族への弾圧が行われた。この反省から，複数の政党間の競争により民主政治を実現する[❽　　　　　制]※6が重視された。

2 現代の民主政治

① **民主政治の改革** 近年は投票率の低下や無党派層の拡大により，日本の[❺]は混迷している。議院内閣制の国では，首相の権限強化，大統領制の国では大統領の下に内閣をおく制度などが試みられている。

② **民主政治を動かすもの** 政治上の問題に対して多くの人々がもっている意見を[❾　　　]※7という。

③ **大衆への迎合** 民衆全体の利益に安易に迎合して，物事を単純化し，少数者への抑圧などで問題を解決しようとする[❿　　　　　]※8が，現在の民主主義の問題点となっている。

④ **これからの民主主義** 近年は，公開の活発な議論の中で人々が考えを深めていく[⓫　　　　　]論が高まっている。

Point
▶民主政治の手法…多極共存型民主主義，多数者支配型民主主義
▶民主政治の問題点…ファシズム，ポピュリズムなど

※1 **民主政治を分析する理論** アメリカの政治学者ダールは，多くの集団が政治に参加し，自由に競争するポリアーキー（多元主義）を提唱した。

※2 多様な言語・民族をもつスイスなどに代表される。

※3 イギリスなどに代表される。

※4 1838年には，以下の6か条の人民憲章を発表した。
①成年男子普通選挙権
②無記名秘密投票
③議員の財産資格廃止
④議員への歳費支給
⑤平等選挙区
⑥議会の毎年召集

※5 制限選挙において選挙権をもった人々は，教養と財産を備えた市民（公衆）であったが，普通選挙制により選挙権を得た大衆は，宣伝により扇動されやすいという一面をもつ。

※6 1つの党が政権を担う一党制，2つの党が政権を担う二大政党制，それ以上の複数の党が政権を担う多党制に分類される。

※7 その形成には，マスメディアが大きな役割を果たす。

※8 2021年には，大統領選の結果を不服とするトランプ大統領の支持者たちが，トランプ大統領のよびかけに応じて連邦議会議事堂を襲撃する事件がおこった。

⊞ 図表で整理

● 国ごとの普通選挙制実施年

1848 [男子] / 1944 [女子]	フランス
1870 [男子] / 1920 [女子]	アメリカ
1871 [男子] / 1919 [女子]	ドイツ
1918 [男子] / 1928 [女子]	❶
1925 [男子] / 1945 [女子]	❷
1936 [男子] / 1936 [女子]	ソ連
1848 [男子] / 1971 [女子]	❸
1879 [男子] / 1893 [女子]	ニュージーランド

凡例：■ 男子　□ 女子

❶ [　　　] …19世紀にチャーティスト運動がおこった国

❷ [　　　] …第二次世界大戦後の民主化で男女普通選挙制が成立した国

❸ [　　　] …一部の州で直接民主制がとり入れられている国

● 独裁政治

国	党首	内容
❹	ムッソリーニ	ファシスト党の独裁。議会の権利を奪い，反対する勢力を暴力でおさえつけた。
❺	ヒトラー	ナチスが国民を厳しく統制して反対派を迫害し，再軍備を強行した。❻ [　　　] 人への弾圧を行った。
❼	スターリン	一国社会主義論を主張。5か年計画や農業集団化による社会主義国の建設を強引に進め，それに抵抗する人々を厳しく抑圧した。

● 複数政党制

制度	内容
❽	1つの政党が常に政権を担当するしくみ。
❾	2つの政党が対立し，交互に政権を奪い合うしくみ。
❿	3つ以上の政党が選挙で政権を争うしくみ。

⊗ 正誤問題でチェック

内容の合っているものには○，誤っているものには×をつけよう。

① できるだけ多くの観点を考慮に入れ，調整を重視して合意形成をはかる方法を，多数者支配型民主主義という。 [　　]

② イギリスでは保守党と労働党による二大政党制が定着しているため，連立政権が形成されたことはない。 [　　]

③ 大衆運動は，国政選挙における特定の勢力の支援を目的としない場合でも，運動に参加した者の意見を国の政治に反映させる機能をもつ。 [　　]

5 世界のおもな政治体制

⚠ 重要語句で整理

1 イギリス・アメリカの政治制度 出る

① **イギリスの政治制度** 議会の信任に基づいて内閣が生まれ，内閣は連帯して議会に対して責任を負う[❶   制]を採用している。

② **イギリスの議会** 上院(貴族院)と下院(庶民院)。下院の多数党党首が首相となって[❷   ]を組織。下院が[❷]不信任を決議すると，[❷]は総辞職するか，あるいは下院を[❸   ]して国民の信を問う。

③ **政党の種類** 議会の過半数を占める政党を[❹   ]，政権につかず[❹]を批判・監視する役目の政党を[❺   ]という。イギリスは労働党と保守党による[❻   制]。どの政党も過半数の議席を獲得しない状況では，複数の政党による[❼   ]が組織される。

④ **アメリカの政治制度** 国民によって選挙される議会と大統領が互いに抑制・均衡し合う[❽   制]を採用。徹底した権力分立制。

⑤ **大統領** 議会に対して責任を負わない。議会に政策を示す[❾   ]を送ったり，議会が議決した法案に[❿   権]を発動したりする。

⑥ **アメリカの議会** 上院と下院。法案再可決権をもっている。連邦裁判所には，[⓫   ]がある。これは，議会の立法に対して，違憲・合憲を判断する権利である。

2 社会主義体制と発展途上国の政治体制

① **社会主義体制** 資本主義を否定し，[⓬   ]の社会的所有をもとに，[⓭   党]に権力を集中。

② **ソ連** 1980年代以降，民主化と西側諸国との間の[⓮   ]終結を経て，1991年にソ連は消滅した。

③ **中国** [⓯   制]を採用し，[⓭]による一党独裁が続いている。一院制の全国人民代表大会(全人代)が最高決定機関。

④ **発展途上国の政治体制** アジアや中南米では，経済成長をめざして民主主義を制限する[⓰   ](権威主義体制)が行われてきた。

⑤ **中東の政治体制** 王政を中心に，多様な政治体制がしかれている。[⓱   主義]が台頭し，武力衝突が続く。2010年以降はチュニジアやエジプトなどで「アラブの春」という民主化の動きが広がった。

Point

▶権力の分立…イギリスの議院内閣制，アメリカの大統領制
▶権力の集中…社会主義諸国の共産党一党独裁，発展途上国の開発独裁

※1 イギリスのほか，日本，カナダ，オーストラリアなどで採用。
※2 **下院の優越** 予算の議決などについて上院に優越している。また，閣僚も原則として，下院議員のなかから首相が指名する。
※3 イギリスではこの政党が，次回の政権担当に備えて，「影の内閣(シャドー・キャビネット)」を組織する。
※4 この状況はハング・パーラメントとよばれ，2010年に下院で発生した。
※5 これに対して，1つの政党が内閣を組織する場合は，単独政権とよばれる。
※6 **アメリカ大統領選挙** 州ごとに選挙された大統領選挙人が大統領を選ぶ，間接選挙が行われている。
※7 フランス，ロシアなどでは，大統領と首相が並存する半大統領制を採用している。
※8 大統領弾劾権をもつ。
※9 イギリスの裁判所は，この権限をもっていない。
※10 マルクス・レーニン主義，社会民主主義などに分類される。

※11 労働者の共通の利益を実現するため，権力を1つにまとめることが必要だという考えに基づく。

※12 一党支配体制や軍事独裁政権がとられることが多い。大韓民国の朴正熙政権，フィリピンのマルコス政権，インドネシアのスハルト政権など。

⊞ 図表で整理

● イギリスの政治制度

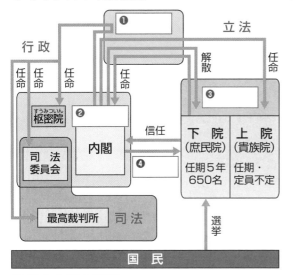

● アメリカの政治制度

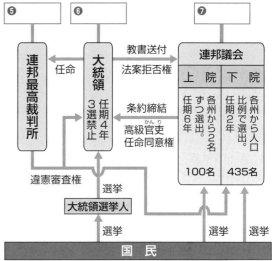

● 社会主義の種類

主義	内容
❽ 　　　　　主義	革命により独裁政権を樹立する。
❾ 　　　主義	議会制民主主義の下で，漸進的に社会主義を実現する。
❿ 　　　　制	生産手段の社会的所有を基礎として，共産党が独裁を行う。

● おもな開発独裁

国	時期	政権
⓫	1963〜79年	朴正熙政権
⓬	1965〜86年	マルコス政権
⓭	1968〜98年	スハルト政権

⊗ 正誤問題でチェック

内容の合っているものには○，誤っているものには×をつけよう。

① イギリスでは，原則として下院の多数党の党首が首相となる。　　　　　　　　　　[　　]

② アメリカの連邦最高裁判所は，連邦議会に対して違憲審査権をもつが，大統領に対しては　[　　]
　もたない。

③ 社会主義経済の下では，生産手段の社会的な所有による計画的な資源配分が目指されていた　[　　]

④ 中国では日本と同様に二院制が採用され，両議院の議員が国民から直接選挙されている。　[　　]

⑤ インドネシアでは，スハルトの民主化政策の一環として，州の主権を基礎とする連邦国家　[　　]
　体制が導入された。

1 〈政治と法〉
次の文を読み，あとの問いに答えなさい。〔(5)(6)各4点，他各3点　計29点〕

日本は1996年に<u>a国連海洋法条約</u>を批准し，海洋秩序が明文化されたが，島の領有権をめぐる国家間の争いは残されている。領海等の領域に加え，①□□□と主権をもつ国家を主権国家という。中世ヨーロッパで生まれた「<u>b支配者であっても法に従わなければならない</u>」とする法観念は，<u>c近代における</u>②□□□主義の確立につながった。

(1) ①・②にあてはまる語句を，ア〜エから1つずつ選びなさい。
　　ア　国民　　イ　資本　　ウ　立憲　　エ　資源

(2) 下線部aについて，次のア〜カに示した法の分類のうち，条約が属するものを3つ選びなさい。
　　ア　実定法　　イ　自然法　　ウ　慣習法　　エ　成文法
　　オ　国内法　　カ　国際法

(3) 下線部bについて，この法観念を「人の支配」に対して何とよぶか書きなさい。

(4) 下線部bに関連して，13世紀イギリスにおいて，慣習法を基礎として確立された普通法のことを何とよぶか書きなさい。

(5) 下線部cについて，政治権力による支配を合法的支配，伝統的支配，カリスマ的支配の3類型に分類したドイツの思想家はだれか書きなさい。

(6) 下線部cについて，近代法の原則の1つに，個人は私有財産を自由に使用・処分することができるという原則がある。この原則を何というか書きなさい。

2 〈民主政治の成立，基本的人権の確立〉
右の年表を見て，次の問いに答えなさい。〔各3点　計30点〕

(1) 年表中の①〜④に関する説明を，ア〜エから1つずつ選びなさい。
　　ア　生命・自由・幸福の追求を，天賦の権利として宣言した。
　　イ　社会権を初めて保障した。
　　ウ　議会の権利を国王に認めさせた。
　　エ　国民主権を宣言し，圧制への抵抗を自然権として主張した。

年	できごと
1642	ピューリタン(清教徒)革命◆
1689	権利章典◆…………①
1776	アメリカ独立宣言…②
1789	フランス人権宣言…③
1838	チャーティスト運動◆
1919	ワイマール憲法……④

(2) 年表中に◆で示したすべてのことがらに関連の深い国の名を書きなさい。また，その国で世界に先がけて成立した，全国民の代表で構成された議会における公開の討論を通じて政治方針を決める政治制度を何というか書きなさい。

(3) 次のA〜Dのような主張をした人物名を書きなさい。
　A　主権は，公共の利益の実現をめざす一般意志に基づいて行使される。
　B　自然状態においては「万人の万人に対する闘争」がおこる。
　C　権力の濫用を防止するため，立法・行政・司法の三権分立が必要である。
　D　政府が自然権を侵害した場合，国民には抵抗権(革命権)が生じる。

1
(1) ①_____
　　②_____
(2) _____
　　_____
　　_____
(3) _____
(4) _____
(5) _____
(6) _____

❓ヒント
(2)実定法は人為的に制定され，一定の社会・時代で効力をもつ。自然法は時代をこえて普遍性をもつ。
(3)19世紀ドイツで成立した，法の内容より法の形式に重点を置いた法治主義の考え方と区別する。

2
(1) ①_____
　　②_____
　　③_____
　　④_____
(2) 国_____
　　制度_____
(3) A_____
　　B_____
　　C_____
　　D_____

❓ヒント
(3)ホッブズ，ロック，ルソーなどは「自然状態」を想定した。

3 〈現代の民主政治〉

次の文を読み，あとの問いに答えなさい。　〔(2)8点，(1)(3)各3点　計26点〕

　現代の_a民主政治は，_b政党政治を基礎としている。政党とは，政治上の理想や目的を共通にする人々が団結し，主義・主張の実現をめざして活動する団体のことである。政党の性格も，19世紀後半以降，①□□□選挙制の実現にともない，変化した。それまでの財産と教養をもった少数の人々による政党から，多数の選挙民を組織する政党に発展し，②□□□民主主義の時代を迎えた。

(1)　①・②にあてはまる語句を，ア～エから1つずつ選びなさい。

　ア　大衆　　イ　代表　　ウ　普通　　エ　制限

(2)　下線部aについて，多数者支配型民主主義に対して多極共存型民主主義はどのような特色をもつか。簡単に書きなさい。

(3)　下線部bについて，各国の政党政治の形態に関する説明A～Dのうち，正しいものには○を，誤っているものには×を書きなさい。

　A　日本では55年体制において，自由民主党と日本社会党による二大政党制が続いた。

　B　イギリスでは第二次世界大戦後，労働党と保守党の二大政党が政権の座を争ってきたが，2010年，戦後初の連立政権が誕生した。

　C　ロシアや中華人民共和国では，現在，一党制をとっており，共産党以外の政党は存在しない。

　D　フランスは現在，いくつかの政党が政権を争う多党制である。

4 〈世界のおもな政治体制〉

次の文を読み，あとの問いに答えなさい。　〔各3点　計15点〕

　世界の国々は，それぞれの歴史に基づいて独自の政治制度を発展させてきた。例えば，①□□□制をとるイギリスでは，議会は上院と下院からなっている。国民は国会議員を選び，議会の全議席の過半数を占める政党または政党集団が内閣を組織し，行政に責任を負う。議会と内閣の間では，相互に抑制と均衡の関係が保たれるようになっている。

　アメリカでは②□□□制をとっている。アメリカの行政府の長である大統領は，国民が大統領選挙人を選ぶ間接選挙によって選出される。大統領は議会に議席をもたないが，政策を記した③□□□を議会に送る権限や，法案への署名を拒む④□□□権をもっている。逆に，議会は大統領が締結した条約や高級官吏任命に対する同意権をもっている。

(1)　①～④にあてはまる語句を，それぞれ書きなさい。

(2)　下線部のアメリカの政治制度に関する記述として最も適切なものを，ア～エから1つ選びなさい。

　ア　アメリカ大統領は，議会解散権や法案提出権をもたない。

　イ　アメリカの下院議員は，各州から2名，計100名が選出され，任期は6年である。

　ウ　アメリカにおいて，連邦最高裁判所の裁判官は上院の同意を得て大統領が任命し，任期は10年である。

　エ　アメリカの連邦最高裁判所は，連邦議会に対して違憲審査権をもつが，大統領に対してはもたない。

3

(1) ①＿＿＿＿＿＿

　　②＿＿＿＿＿＿

(2) ＿＿＿＿＿＿＿

　　＿＿＿＿＿＿＿

　　＿＿＿＿＿＿＿

(3) A＿＿＿＿＿＿

　　B＿＿＿＿＿＿

　　C＿＿＿＿＿＿

　　D＿＿＿＿＿＿

❓ヒント

(2)アメリカの政治学者アーレンド・レイプハルトの類型による。

(3)一党制は長期間にわたって政局が安定するが，独裁になることも多い。

4

(1) ①＿＿＿＿＿＿

　　②＿＿＿＿＿＿

　　③＿＿＿＿＿＿

　　④＿＿＿＿＿＿

(2) ＿＿＿＿＿＿＿

❓ヒント

(1)④ただし，上下両院の3分の2以上で再議決すれば，この権利は失効する。

(2)日本の内閣は，議会解散権や法案提出権をもっている。アメリカ大統領には議会への出席義務はなく，議員との兼職もできない。

2 章 日本国憲法の基本原理

6 日本国憲法の制定と基本原理

[解答] 別冊p.5

⚠ 重要語句で整理

1 大日本帝国憲法（明治憲法）の制定

① **憲法の下の政治** 憲法はすべての法の基礎となる[❶　　　　　　　　]であり，政治権力に対してはその権力行使を制限し，憲法に基づく政治が行われる。この考え方を[❷　　　　　　　]という。

② **大日本帝国憲法** 君主権力の強い[❸　　　　　　　**憲法**]の影響を受け，天皇が定める欽定憲法として，1889年に発布された。

③ **天皇** [❹　　　　　　　]の総攬者であり，陸海軍の統帥権は天皇大権に含まれた。帝国議会は天皇の立法権に協賛し，国務大臣は天皇を輔弼して行政権を行使する。

④ **国民の権利** 「[❺　　　　**の権利**]」として法律の範囲内で認められた（法律の留保）。

⑤ **大正の政治** 大正時代に民主主義を求める[❻　　　　　　　　]の風潮が広まる。1925年には，満25歳以上の男子による普通選挙制が成立。

2 日本国憲法の制定 出る

① **戦後の憲法改正** 太平洋戦争敗戦後，[❼　　　　　　　　　　]（GHQ）のマッカーサー三原則を受けて，憲法改正案を審議・修正。1946年11月3日に[❽　　　　]され，1947年5月3日から施行された。これは，国民自らが制定した民定憲法であった。

② **国民による政治** [❾　　　　**主権**]の原理を掲げる。

③ **天皇** 日本国及び日本国民統合の[❿　　　　　　]。国事行為のみを行う。

④ **個人の尊重** 自然権の原理をとり入れ，[⓫　　　　　　　]を「侵すことのできない永久の権利」であるとした。生存権なども保障された。

⑤ **戦争の放棄** 前文と第9条で徹底した[⓬　　　　　　　]を掲げ，戦争の放棄と戦力の不保持，[⓭　　　**権**]の否認を宣言した。

⑥ **硬性憲法** 憲法改正には，各議院の総議員の3分の2以上の賛成で国会が発議し，[⓮　　　　　　]で過半数の賛成を得なければならない。

※1 立法・行政・司法権などの統治権を掌握し，統括する者。
※2 統帥権は内閣や議会の干渉を受けなかった。これを統帥権の独立とよぶ。
※3 天皇の統治権をたすけること。

※4 日本の民主化と非軍国主義化を求めるポツダム宣言の受諾によって，憲法改正が至上命令となった。
※5 天皇は国の元首，戦争の放棄，封建的諸制度の廃止。
※6 法令を広く世の中に知らせること。

※7 日本国憲法第13条

> すべて国民は，個人として尊重される。生命，自由及び幸福追求に対する国民の権利については，公共の福祉に反しない限り，立法その他の国政の上で，最大の尊重を必要とする。

※8 大日本帝国憲法で定められていた国民の兵役の義務は廃止された。
※9 改正に際して，法律より厳しい規定がある。これは憲法の最高法規性を示している。

Point
▶大日本帝国憲法…欽定憲法，天皇主権，臣民の権利
▶日本国憲法…民定憲法，国民主権，基本的人権の尊重，平和主義

⊞ 図表で整理

● 大日本帝国憲法における政治のしくみ

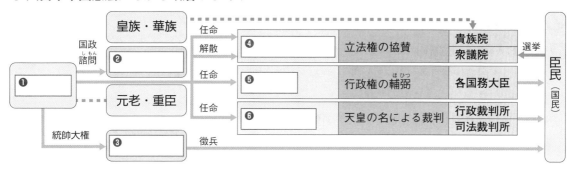

● 日本国憲法における天皇の国事行為

第7条	天皇は，内閣の**❼** [　] と承認により，国民のために，左の国事に関する行為を行ふ。^(う)
	①憲法改正，法律，政令及び条約を公布すること。　　②国会を **❽** [　] すること。
	③ **❾** [　] を解散すること。　　④国会議員の総選挙の施行を公示すること。
	⑤国務大臣及び法律の定めるその他の官吏の任免並びに全権委任状及び大使及び公使の信任状を認証すること。
	⑥大赦，特赦，減刑，刑の執行の免除及び復権を認証すること。　　⑦栄典を授与すること。
	⑧批准書及び法律の定めるその他の外交文書を認証すること。
	⑨外国の大使及び公使を接受すること。　　⑩儀式を行ふこと。

● 憲法改正の手続き

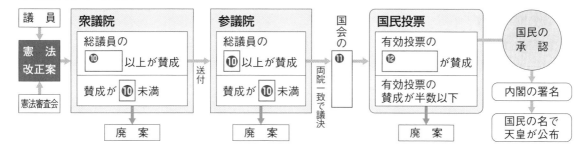

⊗ 正誤問題でチェック

内容の合っているものには○，誤っているものには×をつけよう。

① 日本国憲法は，形式的には大日本帝国憲法を改正したものであり，どちらも主権者は国民　　[　　]
であって，実質的にも大きな違いはない。

② 連合国軍総司令部（GHQ）が提示したマッカーサー草案には，財閥の解体が盛りこまれた。　[　　]

③ 大日本帝国憲法は軍隊の保持や天皇が宣戦する権限を認めていたが，日本国憲法は戦力の　　[　　]
不保持や戦争の放棄などの平和主義を掲げている。

④ 日本国憲法は，憲法改正の条件として国民投票による過半数の賛成のみをあげており，国　　[　　]
会による憲法改正の発議には条件を設けていない。

7 基本的人権の保障

⚠ 重要語句で整理

1 基本的人権の一般原則

① 性格　日本国憲法では，「侵すことのできない永久の権利」とされ，個人の尊重と[❶　　　　　]追求権が認められている。

② 制限　国民は権利を濫用してはならず，[❷　　　　　　　❋1]のために利用するものとする。また，3つの国民の義務を定めている。❋2

2 平等権

① 法の下の平等　すべての国民は法の下に平等であり，選挙権の平等，貴族制度の廃止，[❸教育の　　　　　　]，男女の平等❋3などが保障される。

② 差別解消　部落差別解消推進法，[❹　　　　　民族支援法]など。

3 自由権 出る

① 精神の自由　思想・良心の自由，信教の自由，表現の自由，学問の自由などからなる。信教の自由は[❺　　　　　の原則❋4]と一体の関係。

② 経済の自由　[❻　　　　　]選択の自由，居住・移転の自由，財産権❋5の保障。

③ 人身(身体)の自由　奴隷的拘束や[❼　　　　　]からの自由。捜索・押収には裁判官の発する令状を必要とする。被疑者の権利を守るため，不利益な供述を強いられない[❽　　　権❋6]の保障などが規定されている。

4 社会権 出る

① 生存権❋7　健康で文化的な[❾　　　　　]の生活を営む権利。これに基づいて社会保障の向上がはかられている。

② 教育を受ける権利　これに基づいて義務教育の無償が定められている。

③ 労働基本権　勤労の権利や，労働三権([❿　　　　　]・団体交渉権・団体行動権❋8)。これに基づいて労働基準法・[⓫　　　　　]・労働関係調整法の労働三法が定められている。

5 人権を確保するための権利

① 参政権　公務員の選定・罷免権，最高裁判所裁判官の国民審査，地方特別法の住民投票，憲法改正の[⓬　　　　　]。

② 請求権　[⓭　　　]を受ける権利，国家賠償請求権，刑事補償請求権。

6 新しい人権

① 健康　良好な環境を享受する[⓮　　　　　]，自己決定権。❋9

② 情報　政府に情報開示を求める[⓯　　　　　]，アクセス権，プライバシーの権利。

❋1 土地の利用や建築の規制，職業選択の自由など，おもに経済の自由に対して規制がかけられている。

❋2 子どもに普通教育を受けさせる義務，勤労の義務，納税の義務が定められた。大日本帝国憲法においては納税の義務と兵役の義務が課された。

❋3 男女雇用機会均等法(1985年制定)，育児・介護休業法(1995年制定)，男女共同参画社会基本法(1999年制定)などの法整備が進められた。

❋4 憲法第20条第3項

> 国及びその機関は，宗教教育その他いかなる宗教的活動もしてはならない。

❋5 近年は情報・デザインなどの知的財産権も大きな価値をもつようになってきた。なお，経済の自由は公共の福祉による制限を受けることが多い。

❋6 無罪推定，遡及処罰の禁止，一事不再理，弁護人依頼の権利，令状主義などの原則が定められている。

❋7 朝日訴訟，堀木訴訟などの判決を通して，国民の権利として定着していった。

❋8 争議権ともいう。公務員については，法律で否定されている。

❋9 インフォームド・コンセントの確立が前提とされる。

Point

▶基本的人権の一般原則…永久不可侵，個人の尊重，公共の福祉に資する

▶基本的人権の種類…平等権，自由権，社会権，参政権，請求権

⊞ 図表で整理

● 日本の差別問題

❶　　　　差別	同和対策事業特別措置法(1969年)，部落差別解消推進法(2016年)
女性差別	男女雇用機会均等法(1985年)，❷　　　　　　　法(1999年)
外国人差別・民族差別	指紋押捺強制の全廃(在日韓国・朝鮮人に対する)，ヘイトスピーチ解消法(2016年)　アイヌ文化振興法(1997年)，アイヌ民族支援法(2019年)
障がい者差別	障害者雇用促進法(1960年)，❸　　　　　　　　法(1993年)，障害者差別解消法(2013年)

● 被疑者・被告人の人権

地位	憲法の条項
被疑者	適正手続主義・罪刑法定主義(第31条)，❹　　　　　主義(第33・35条)　抑留・拘禁に対する保障(第34条)，拷問の禁止(第36条)　供述の不強要・自白の証拠能力(第38条)
被告人	公開裁判を受ける権利(第32条)，❺　　　　　　を依頼する権利(第37条)

● 人権を確保するための権利

❻	選挙権(第15・44条)，公務員の選定・罷免の権利(第15条)　❼　　　　　　　　の国民審査(第79条)，地方公共団体の長・議員の選挙権(第93条)　地方公共団体の❽　　　　　の制定同意権(第95条)　憲法改正の❾　　　　　(第96条)
❿	裁判を受ける権利(第32条)，請願権(第16条)，国家賠償請求権(第17条)　刑事補償請求権(第40条)

⊗ 正誤問題でチェック

内容の合っているものには〇，誤っているものには✕をつけよう。

① 義務教育においては，国民に，授業料を徴収しない教育の機会が保障されており，その精　[　　]
神にのっとって教科書の無償配布も行われている。

② いわゆるアイヌ文化振興法は，アイヌ民族という先住民を初めて法的に位置づけたもので　[　　]
ある。

③ 学問の自由の保障は，学問研究の自由の保障のみを意味し，大学の自治の保障をふくんで　[　　]
いない。

④ 健康で文化的な最低限度の生活を営むことのできない者は，法律の根拠がなくても，直接　[　　]
憲法に基づいて国に生活保護を請求することができる。

⑤ 公務員の違法な権限行使により損害を受けた者は，国または地方公共団体に対して損害賠　[　　]
償を請求することができる。

⑥ 情報公開制度は，国民には政府などに対して情報の開示を求める「知る権利」があるとの主　[　　]
張を背景として，導入された。

8 平和主義

⚠ 重要語句で整理

1 平和主義の理念と安保体制 出る

① **憲法前文** 日本国民は恒久の平和を念願し，世界の人々は平和のうちに生存する［❶　　　　権］を有することを確認している。

② **憲法第9条** ［❷　　　　　］の放棄，戦力の不保持，交戦権の否認を明記。

③ **自衛隊の発足** 1950年に朝鮮戦争が始まると，マッカーサーの指示により警察予備隊が創設される。翌年［❸　　　　条約］により米軍駐留が継続され，警察予備隊は保安隊，自衛隊へと改組された。

④ **自衛隊の増強** 1960年には［❸］を改定，日米間の同盟関係が明確になった。自衛隊は，相手から武力攻撃を受けたときにはじめて防衛力を行使する［❹　　　　　］を基本とする。防衛力整備計画によって自衛隊の増強が進められる。1978年には旧ガイドラインを策定した。

2 日本と世界の安全

① **安保体制の変化** 1992年に［❺　　　　　　　］を制定し，カンボジアなどへ自衛隊を派遣。1996年の日米安保共同宣言によって，防衛協力を強化し安保体制を再定義する。1997年には新ガイドラインを策定し，日本近辺における［❻　　　事態］に対する日米協力のあり方を定める。

② **有事法制** 2001年のアメリカの「同時多発テロ」を受けて，テロ対策特別措置法を定め，［❼　　　戦争］に際して［❼］復興支援特別措置法を制定。2003年には有事関連3法を，2004年には有事関連7法を制定。

③ **自衛隊の統制** 政府は自衛隊を「自衛のための必要最小限度の実力」ととらえている。［❽　　　　］（シビリアン・コントロール）の原則の下，内閣総理大臣が自衛隊の最高指揮権をもつ。

④ **安全保障政策の転換** 連帯関係にある国が攻撃を受けたときに共同で対処する［❾　　　自衛権］の行使を認めたうえで，安全保障関連法を整備し，多国籍軍への後方支援を可能とする［❿　　　　支援法］を制定（2015年）。武器輸出に関する原則は［⓫　　　　三原則］に変更。

⑤ **世界平和と日本** 1971年には国会で，核兵器を「もたず，つくらず，もち込ませず」とする［⓬　　　　　　］を決議。「人間の安全保障」が外交の基本。

```
Point
▶平和主義の理念…戦争の放棄，戦力の不保持，交戦権の否認
▶自衛隊の存在…専守防衛，文民統制，平和維持活動(PKO)への参加
```

※1 砂川事件，恵庭事件，長沼ナイキ訴訟，百里基地訴訟などは，憲法第9条をめぐる裁判である。

※2 日米相互協力及び安全保障条約 同時に結ばれた日米地位協定において，日本国内での米軍人の権利，在日米軍に施設や用地を提供する方法などについて定められている。

※3 1999年には，周辺事態法，自衛隊法改正などからなるガイドライン関連法が制定された。

※4 この法律の期限切れを受けて，2008年には補給支援特別措置法が制定された。
※5 武力攻撃事態法など。
※6 国民保護法，米軍行動円滑化法など。
※7 2013年には国家安全保障会議(日本版NSC)が設置され，この原則のあり方が変化することが懸念された。
※8 日本が外国から武力攻撃を受けた際，防衛のために必要限度内で反撃する個別的自衛権については，政府は長年にわたって行使できると解釈してきた。これに加え，日本が直接攻撃を受けていなくとも，日本周辺で連帯関係にある国が攻撃を受けたときに共同で防衛を行う権利を行使することが容認された。いずれの権利も，国際連合憲章においては国連加盟国に認められている。

⊞ 図表で整理

● 憲法第9条に関する政府の見解

吉田茂首相	1946年	戦争放棄に関する本案の規定は，直接には **❶** 権を否定していないが，第9条第2項において一切の軍備と国の **❷** 権を認めない結果，**❶** 権の発動としての戦争も **❷** 権も放棄する。
	1950年	**❸** の目的は，全く治安維持にある。したがってそれは軍隊ではない。
吉田茂内閣統一見解	1952年	憲法第9条第2項は，侵略の目的たると自衛の目的たるとを問わず「**❹**」の保持を禁止している。**❹** とは，近代戦争遂行に役立つ程度の装備，編成を備えるものをいう。憲法第9条第2項にいう「保持」とは，わが国が保持の主体たることを示す。
田中角栄内閣統一見解	1972年	憲法第9条第1項で自衛権は否定されていない。その否定されていない自衛権の行使の裏付けとして，自衛のための **❺** の実力を備えることは許されると解される。

● 日本の安全保障法制

日本有事	有事法制	武力攻撃事態対処法，改正安全保障会議設置法，米軍行動円滑化法，**❻** 保護法，交通・通信利用法，外国軍用品等海上輸送規制法，国際人道法違反処罰法，捕虜等取り扱い法	
対米協力	新 **❼**	周辺事態法	・**❽** 対策特別措置法（2001～07年），新 **❽** 対策特別措置法（2008～10年）・イラク復興支援特別措置法（2003～09年）
国際協力	国際平和協力法，国際緊急援助隊法，海賊対処法		
安全保障関連法	国際平和支援法，武力攻撃事態法，**❾** 法（周辺事態法を改正），自衛隊法，PKO等協力法　など		

⊗ 正誤問題でチェック

内容の合っているものには〇，誤っているものには×をつけよう。

① 日本は戦争の放棄を国家理念として掲げたが，国際政治の変化のなかで日米安全保障条約により警察予備隊を創設した。　[　　]

② 日本国政府は，従来，集団的自衛権の行使は違憲であるとの立場をとっていたが，自衛隊の海外派遣に際し，集団的自衛権の行使は合憲であるとの立場に変更した。　[　　]

③ 1999年に周辺事態法などのガイドライン関連法が成立し，周辺事態が発生した場合に，自衛隊が米軍の後方支援を行うことなどが認められた。　[　　]

④ 2003年のアメリカ等による対イラク攻撃は，国連安全保障理事会の明確な決議に基づいて開始されたため，イラク復興支援特別措置法により派遣された自衛隊も，武力の行使が認められた。　[　　]

1 〈日本国憲法の制定と基本原理〉
次の文を読み，あとの問いに答えなさい。　　　　〔各3点　計27点〕

　日本国憲法は1946年に公布され，1947年に①□□□された。この憲法の基本原理として，国民主権，**a**基本的人権の尊重，および平和主義の3つをあげることができる。大日本帝国憲法では，天皇が主権者であり，天皇は，統治権を②□□□するとされていた。これに対して，日本国憲法は国政を担う主人公を国民とした。その結果，天皇は「日本国の③□□□であり日本国民統合の③□□□」となり（憲法第1条），天皇は国政に関する権能を有さず（憲法第4条），内閣の助言と④□□□を必要とする形式的・儀礼的な**b**国事行為のみを行うこととされた（憲法第3条）。また，日本国憲法第96条は，憲法改正について，**c**各議院の総議員の⑤□□□以上の賛成で，国会が発議し，国民投票で過半数の賛成を必要とするという手続きを定めている。改正憲法は国民の名で天皇が公布する。この手続きに関して，憲法制定後長期にわたって法律が制定されていなかったが，2007年に国民投票法が成立し，その一方で憲法改正原案の検討を行う⑥□□□が衆参両議院に設置された。

(1)　①～⑥にあてはまる語句を，**ア**～**シ**から1つずつ選びなさい。
　　ア　象徴　　**イ**　2分の1　　**ウ**　認証　　**エ**　施行　　**オ**　輔弼
　　カ　3分の2　**キ**　元首　　**ク**　発布　　**ケ**　憲法調査会　　**コ**　承認
　　サ　憲法審査会　**シ**　総攬
(2)　下線部**a**は，日本国憲法においてどのように定められているか。**ア**～**エ**から1つ選びなさい。
　　ア　臣民の権利　　　**イ**　人間の生存にとって欠くことのできない権利
　　ウ　絶対無制限の権利　　**エ**　侵すことのできない永久の権利
(3)　下線部**b**にあてはまらないものを，**ア**～**エ**から1つ選びなさい。
　　ア　法律の公布　　　**イ**　内閣総理大臣の指名
　　ウ　国会の召集　　　**エ**　外交文書の認証
(4)　下線部**c**のように，改正に際して，法律より厳しい規定が設けられている憲法を何というか。

2 〈基本的人権の保障〉
次の図を見て，あとの問いに答えなさい。　　〔(2)9点，他各3点　計45点〕

```
         ┌──◆（②）の自由…思想・良心の自由，集会・結社・表現の自由，a信教の自由，
    自       学問の自由
    由  ──◆（③）の自由…奴隷的拘束・苦役からの自由，b法定の手続きの保障
    権  ──◆（④）の自由…居住・移転・職業選択の自由，c財産権の保障
①
の   ┌──◆d生存権…（⑤）で文化的な最低限度の生活を営む権利
尊   社──◆教育を受ける権利
重   会
と   権──◆e労働基本権…勤労の権利，団結権・団体交渉権・団体行動権
平
等  人権──◆参政権…公務員の選定・罷免権，最高裁判所裁判官の（⑥），地方公共団体の住
権  を確                民投票，憲法改正の国民投票
    保す
    るた──◆請求権…（⑦）を受ける権利，請願権，f国家賠償請求権，刑事補償請求権
    めの
    権利
```

1

(1) ①_____
　　②_____
　　③_____
　　④_____
　　⑤_____
　　⑥_____
(2) _____
(3) _____
(4) _____

?ヒント

(1)②立法・行政・司法権などの統治権を掌握し，統括することをいう。
　⑥国会法の改正により，2007年に設置された。
(3)すべて形式的・儀礼的な行為である。
(4)世界のほとんどの国の憲法が，この種の憲法に当たる。法律では通常，出席議員の過半数の賛成により決議される。

2

(1) ①_____
　　②_____
　　③_____
　　④_____
　　⑤_____
　　⑥_____
　　⑦_____
(2) _____
　　_____
　　_____

(1) 図中の①～⑦にあてはまる語句を，**ア～ケ**から１つずつ選びなさい。

ア 精神　**イ** 健康　**ウ** 国民審査　**エ** 政治　**オ** 個人
カ 人身（身体）　**キ** 弾劾裁判　**ク** 裁判　**ケ** 経済

(2) 下線部**a**に関連して，政教分離の原則が定められている。これはどのような原則か，簡単に説明しなさい。

(3) 下線部**b**について，事後に制定された法で罰せられることはないとされる原則を何というか。

(4) 下線部**c**は，社会の大多数の人々の利益である□□□□を考慮して，制限を受けることが多い。□□□□にあてはまる語句を書きなさい。

(5) 下線部**d**などをもとにして主張されるようになった，人間らしい生活環境を求める権利を何というか。

(6) 下線部**e**を保障するために制定された労働三法は，労働基準法，労働関係調整法ともう１つは何か。

(7) 下線部**f**は，□□□□の違法な行為などによって損害を受けた国民が，賠償を求める権利である。□□□□にあてはまる語句を書きなさい。

(3) ＿＿＿＿＿＿＿＿
(4) ＿＿＿＿＿＿＿＿
(5) ＿＿＿＿＿＿＿＿
(6) ＿＿＿＿＿＿＿＿
(7) ＿＿＿＿＿＿＿＿

❓ヒント

(1)①人間として生まれてきた以上，法の下に等しく尊重される。
⑥最高裁判所裁判官は，任命後初めて行われる衆議院議員総選挙の際，及び10年を経過する総選挙のたびに，国民の直接投票によって審査される。
(4)「私有財産は，正当な補償の下に，これを公共のために用ひることができる」（第29条）などとある。

---

3 〈平和主義〉
次の文を読み，あとの問いに答えなさい。　〔各４点　計28点〕

日本国憲法第９条は，戦争の放棄，①□□□□の不行使，戦力の不保持，交戦権の否認などを定めている。しかし1950年に②□□□□が勃発すると，連合国軍総司令部最高司令官マッカーサーは，同年，警察予備隊の創設を指令した。また1951年には日本はサンフランシスコ平和条約と同時に③□□□□を結び，冷戦のなかで米軍が引き続き日本に駐留し，基地を使用することになった。翌年，警察予備隊は保安隊と改められ，1954年には保安隊は国防の任務をあたえられ，④□□□□が発足した。さらに1960年には③□□□□が改定され，その後，日本はさらなる防衛力の増強義務を負うことになった。1990年代以降，日本の安全保障のあり方を見直す動きが出てきた。これにより，自衛隊の活動は「防衛出動」，「ₐ国際平和協力」，「ᵦ米軍などへの後方支援」の３分野に拡大された。一方，これらの自衛隊の活動範囲の拡大および米軍との共同行動は，憲法第９条に反しているのではないかとして，③□□□□や④□□□□の合憲・違憲性，および憲法改正の議論が行われてきた。2014年以降はₑ集団的自衛権が容認され，法整備が進められた。

(1) ①～④にあてはまる語句を，**ア～キ**から１つずつ選びなさい。

ア 武力　**イ** 自衛隊　**ウ** 新ガイドライン　**エ** 自衛権
オ キューバ危機　**カ** 日米安全保障条約　**キ** 朝鮮戦争

(2) 下線部**a**について，1992年に制定された法律に基づいて，以後④□□□□が派遣された先としてあてはまらないものを，**ア～エ**から１つ選びなさい。

ア モザンビーク　**イ** ベトナム
ウ 東ティモール　**エ** カンボジア

(3) 下線部**b**について，2003年には（　　　）復興支援特別措置法に基づいて，④□□□□が（　　　）へ派遣された。（　　　）にあてはまる国名を書きなさい。

(4) 下線部**c**について，存立危機事態における集団的自衛権の行使を可能にした法律を，**ア～エ**から１つ選びなさい。

ア 周辺事態法　**イ** 国民保護法
ウ 武力攻撃事態法　**エ** 海賊対処法

3
(1)①＿＿＿＿＿＿
②＿＿＿＿＿＿
③＿＿＿＿＿＿
④＿＿＿＿＿＿
(2) ＿＿＿＿＿＿
(3) ＿＿＿＿＿＿
(4) ＿＿＿＿＿＿

❓ヒント

(1)①武力などで他国の主権や経済的利益などを損なう行為は侵略とよばれる。
④MSA協定（日米相互防衛援助協定）の締結をきっかけに発足した。
(2)アジア・アフリカの紛争地域への派遣が多い。
(3)アメリカとイギリスがイラクに侵攻して始まった戦争に際して制定された。

9　国会と立法

［解答］別冊p.7

⚠ 重要語句で整理

1 国会の地位と組織 出る

① **国会の地位**　国の唯一の[❶　　　　機関]であり，[❷　　　　　　]の最高機関(憲法第41条)。正当に選挙された代表者を通じて国民が権力を行使する[❸　　　　　　主義](間接[代表]民主制)を採用している。

② **国会の組織**　衆議院と参議院からなる[❹　　　　制]。

③ **衆議院の優越**　法律案の議決，条約の承認，予算の先議，内閣総理大臣の指名，[❺　　　　　　権]などにおいて参議院に優越する。議決が異なった場合は[❻　　　　　　　　]を開いて協議する。

④ **国会議員の地位**　国から歳費を受ける。国会会期中は逮捕されない(不逮捕特権)。院内の発言などについて，院外で責任を問われない([❼　　　特権])。

2 国会の権限と運営 出る

① **国会の権限**　法律案の議決。[❽　　　　]の承認。[❾　　　　　主義]に基づき，財政に関する議決を行う。内閣総理大臣の指名。罷免の訴追を受けた裁判官を裁判する[❿　　　　　　　]を設ける。正しい政策の決定に必要な情報を収集し，調査する[⓫　　　　権]をもつ。

② **国会の種類**　[⓬　　　　]は，予算の議決を主要議題とする。臨時会(臨時国会)は，内閣の求めに応じて召集される。[⓭　　　　　　]は，衆議院議員総選挙後30日以内に召集される。緊急集会は，衆議院の解散中，参議院が召集されるもの。

③ **国会の運営**　議案は関連する委員会へ送られ，審議される。重要案件の場合は，専門家などの意見を聞くため[⓮　　　　　]を開く。委員会の審議を受けて，本会議で議案を審議し，議決する。

④ **国会の改革**　与野党間において，国会対策担当者どうしで議事運営を決めてしまう，[⓯　　　　　政治]が問題となっている。1999年，国会審議活性化法を制定。党首討論(クエスチョン・タイム)を導入。審議に官僚の出席を可能にする政府参考人制度を設置。

Point
- ▶**国会の地位**…国の唯一の立法機関，国権の最高機関
- ▶**国会の運営**…常会，臨時会，特別会，緊急集会

※1　多数決を前提としながらも，少数意見を最大限に尊重する慎重な審議が必要とされる。

※2　衆議院は任期が短く，解散もあるため，国民の意思を敏感に反映できるという考えが背景にある。

※3　衆議院が可決した法律案を参議院が否決しても，衆議院が出席議員の3分の2以上の多数で再可決すれば，法律となる。

※4　ただし，法律案は衆議院・参議院のどちらに先に提出してもよい。

※5　衆議院のみがもつ権限。一方で内閣総理大臣の指名は両院が行うことができるが，議決に衆議院の優越が適用される。

※6　租税の賦課・徴収は法律によらなければならないということ。

※7　議院証言法に基づいて，偽証などに対する強制手段が設けられている。

※8　年1回，1月に召集。

※9　すべての議員はいずれかの委員会に属する。委員会には，予算・外務など17種の常任委員会があり，必要に応じて特別委員会が設けられる。予算審議に際しては，必ず開催。

※10　政府委員制度の廃止，国家基本政策委員会の設置，各省庁への副大臣と政務官の設置がおもな内容。

⊞ 図表で整理

● 法律の成立過程（衆議院先議の場合）

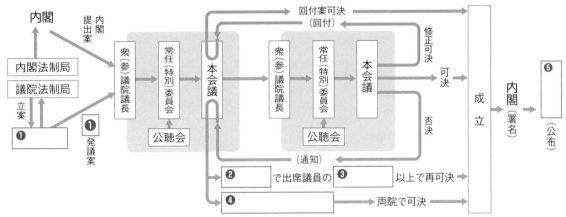

● 三権分立

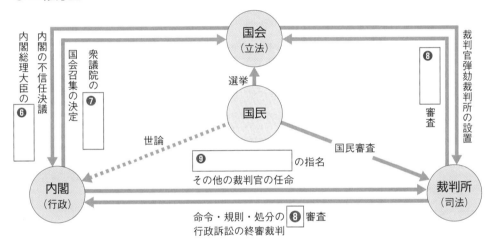

⊗ 正誤問題でチェック

内容の合っているものには〇，誤っているものには×をつけよう。

① 国会は，憲法上「唯一の立法機関」であるが，条約は法律ではないので，国会には内閣が締結する条約の承認権はない。 [　　]

② 立法府による司法府に対する統制の手段として，国会は最高裁判所長官の任命権を有する。 [　　]

③ 法律案は，先に衆議院に提出され，審議を受けなければならない。 [　　]

④ 参議院が国政調査権を行使するためには，衆議院の同意を得なければならない。 [　　]

⑤ 国会議員は，国会の会期中は，議員としての活動を保障するため，刑事上，法律で定められた場合を除いて逮捕されない。 [　　]

⑥ 国政上の問題を調査するために，国会は証人の出頭や記録の提出を求めることができる。 [　　]

⑦ 法律案が提出されると，原則として，関係する委員会に付託され委員の審議を経てから本会議で審議されることになる。 [　　]

10 内閣と行政

⚠ 重要語句で整理

1 内閣の構成と権限 出る

① **内閣と国会** 法律に基づいて実際に政治を行う権限を[❶ 　　　　権]といい，内閣が担当する。内閣は国会(立法府)の信任の下に成り立ち，連帯して責任を負う議院内閣制を採用。

② **内閣総理大臣(首相)** 国会の議決により，[❷ 　　　　　　]のなかから指名され，国務大臣の過半数は[❷]でなければならない。

③ **内閣不信任の決議** 決議を受けると，内閣は10日以内に[❸ 　　　　　]するか[❹ 　　　　　]を解散する。解散後は40日以内に[❹]の総選挙を実施，選挙日から30日以内に特別会を召集し，内閣総理大臣を指名。

④ **内閣総理大臣と国務大臣** 内閣総理大臣は，内閣の首長として国務大臣を任命・罷免する権限をもつ。[❺ 　　　　長官]は公式見解を発表。大臣と副大臣，政務官は政務三役とよばれる。内閣の方針は，内閣総理大臣と全国務大臣が参加する[❻ 　　　　]で決定される。

⑤ **内閣の権限** 外交関係を処理する。予算を作成する。法律案を国会に提出する。法律の範囲内で[❼ 　　　　]を定める。最高裁判所長官を指名する。天皇の[❽ 　　　　]に助言と承認をあたえる。恩赦を決定する。

2 内閣の機能と行政をめぐる問題

① **省庁のしくみ** 府，省，庁などの行政機構で働く職員を[❾ 　　　　　]という。「小さな政府」をめざし，1府22省庁から1府12省庁体制へ再編。

② **内閣から独立した合議制の機関** 各種の[❿ 　　　　　　]が設けられており，公正取引委員会，国家公安委員会，人事院などがある。

③ **官僚の支配** 法律の具体化のための命令・規則の制定が行政機構に委ねられる[⓫ 　　　　　]が進み，行政機構の役割が強い行政国家が成立した。その運営のため，専門能力をもつ[⓬ 　　　　](行政官)の存在感が増し，族議員や財界との癒着，天下りなどの腐敗が生じた。

④ **行政改革** [⓬]主義の弊害を正すため，1993年に行政手続法を制定。1999年には[⓭ 　　　　　]を制定，オンブズマン(行政監察官)を設置し，行政を国民の監視と批判の下におく。同年，国家公務員倫理法も制定された。国の事業を[⓮ 　　　　法人]へ移行。

> **Point**
> ▶内閣の権限…議院内閣制の下，国会と連携して行政を担当する
> ▶行政改革…省庁再編，情報公開制度，公務員制度改革

❋1 政党政治の下では，多数党が立法権とともに行政権も管理するという問題点がある。
❋2 内閣総理大臣と国務大臣はともに文民でなければならない。これは文民統制(シビリアン・コントロール)という考えに基づく。

❋3 在任中の国務大臣の訴追には，内閣総理大臣の同意が必要とされる。
❋4 2001年の中央省庁再編で，それまでの政務次官の権限を強化する形で創設された。
❋5 決定は全員一致で行われる。
❋6 内閣による政府提出法案のほうが，議員提出法案よりも成立数が多い。

❋7 官僚が，関連の深い企業や業界団体へ再就職すること。
❋8 行政の運営における公正と透明性を確保するために制定された。
❋9 行政機関や独立行政法人，特殊法人がもつ文書について，国会に開示請求権を認めている。
❋10 オンブズ・パーソンともいう。

🎴 図表で整理

● 内閣の権限

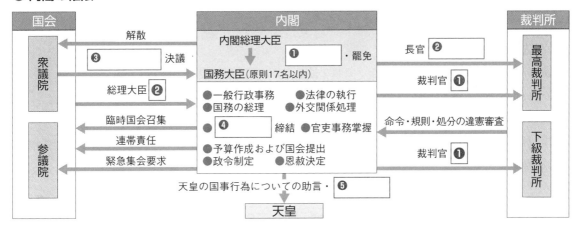

● 日本の行政機構

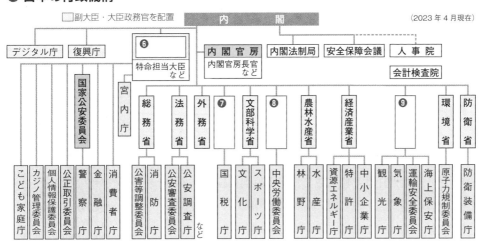

（2023年4月現在）

⊗ 正誤問題でチェック

内容の合っているものには○，誤っているものには×をつけよう。

① 日本国憲法が議院内閣制を採用しているとする根拠条文には，「内閣は，行政権の行使について，国会に対し連帯して責任を負ふ。」(第66条第3項)がある。　[　　]

② 日本国憲法では，内閣は衆議院に対してのみ責任を負い，内閣総理大臣は衆議院議員のなかから選出する。　[　　]

③ 衆議院の解散後，国会の議決が必要な場合，新しい衆議院議員が選ばれるのを待たなければならない。　[　　]

④ 行政国家では官僚制が衰退し，公務員の数が大幅に減る「小さな政府」となる。　[　　]

⑤ 国会で官僚が政府委員として答弁する政府委員制度は，廃止された。　[　　]

⑥ 法律案について衆議院と参議院が異なる議決をした場合，両院協議会での成案が得られると，それが直ちに法律となる。　[　　]

⚠️ 重要語句で整理

1 司法権の独立

① **裁判所の地位**　さまざまな紛争を，裁判を通じて日本国憲法や法律に基づいて解決する働きを[❶　　　　　]といい，その権限は裁判所に属する。

② **裁判官の身分の保障**　裁判官は，国会や内閣の干渉を受けることはなく，[❷　　　　　]して裁判を行う^{※1}。憲法で裁判官の身分は保障され，心身の故障，国会による弾劾裁判，国民審査をのぞき罷免されない。そのほか，裁判所の内部規律については[❸　　　　　権^{※2}]が認められている。

③ **国民の司法参加**　国民には裁判を受ける権利があたえられている。裁判は原則として[❹　　　　　]されなければならず，特別裁判所^{※3}を禁止。

④ **日本の司法制度改革**　刑事裁判で[❺　　　　　制度^{※4}]を導入。2006年には日本司法支援センター（法テラス），2004年には法科大学院（ロースクール）が設置された。犯罪被害者参加制度や検察審査会による起訴議決制度^{※5}，取り調べの可視化も実施。

2 裁判の構成 出る

① **裁判所の種類**　最高裁判所^{※6}と[❻　　　　　裁判所]がある。[❻]には，高等裁判所，地方裁判所，家庭裁判所，簡易裁判所がある。

② **裁判の種類**　[❼　　　　　裁判]は，罪を犯した者の処罰を検討する。検察官が被疑者を裁判所に[❽　　　　　]して始まる。[❾　　　　　裁判^{※7}]は，私人間の取引など私法に関する紛争を解決。訴えた側を[❿　　　　　]，訴えられた側を被告という。政府の行った行為に対する異議申立てにより，[❾]の形式に基づいて行政裁判が行われる。

③ **裁判のやり直し**　慎重に審理するため，第一審，控訴審，上告審の3回まで裁判を受けることができる[⓫　　　　　]を導入。冤罪を防止するため[⓬　　　　　]が行われることもある。

④ **違憲審査権**　裁判所には，法律，命令，規則，処分が憲法に反していないかどうかを判断する権限があたえられている。特に最高裁判所は，最終的な判断を下すため，「[⓭　　　　　]」とよばれる。ただし，高度に政治的な事案に関しては違憲審査をすべきではないという意見（[⓮　　　　　論^{※8}]）もある。

> **Point**
> ▶司法権の独立…裁判官の職権の独立，裁判官の身分保障
> ▶公正な裁判…裁判の公開，三審制，裁判員制度

※1　明治時代の大津事件では，大審院院長の児島惟謙によって法の遵守が説かれ，司法権の独立が貫かれた。

※2　**日本国憲法第77条**
> 最高裁判所は，訴訟に関する手続，弁護士，裁判所の内部規律及び司法事務処理に関する事項について，規則を定める権限を有する。

※3　司法権の外にあって，特定の事案だけについて裁判を行う裁判所。

※4　重大な刑事事件について，18歳以上の一般市民から選任された裁判員が，裁判官とともに事実認定，有罪・無罪の決定と量刑を下す制度。

※5　検察官の職務の上に一般国民の良識を反映させるため，国民のなかから選任された11名の検察審査員が，検察官の不起訴処分の適否を審査する。

※6　長官と14名の裁判官からなる。

※7　判決以外に，当事者どうしが話し合って折り合う和解，裁判官をはさんで当事者間で妥協点を見いだす調停などの解決も行われる。

※8　安保体制や自衛隊の違憲性に関する訴訟では，国会や内閣，国民の判断に委ねるべきであるとして，憲法判断が回避されている。

🔢 図表で整理

● 民事裁判

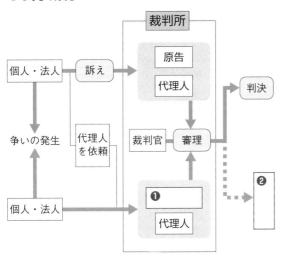

● 刑事裁判

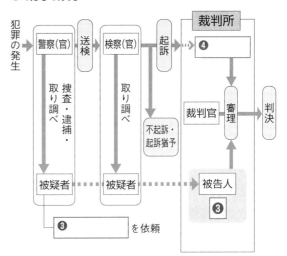

● 三審制のしくみ

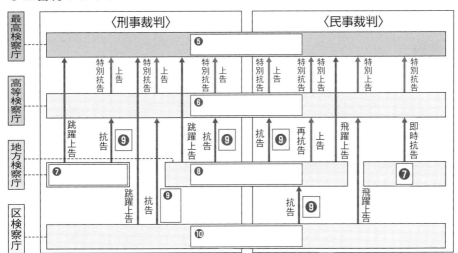

⊗ 正誤問題でチェック

内容の合っているものには○，誤っているものには×をつけよう。

① 大津事件は，明治政府の圧力に抗して，裁判所がロシア皇太子暗殺未遂犯を通常の殺人未　［　　　］
　 遂罪で裁いた事件である。

② 最高裁判所の裁判官は，国民審査によらない限り罷免されない。　［　　　］

③ 司法の独立性確保のため，最高裁判所は，規則制定権を付与されている。　［　　　］

④ 現在公開されている裁判は，刑事訴訟に限られており，民事訴訟は当事者のプライバシー　［　　　］
　 を保護するために非公開とされている。

⑤ 日本国憲法では，国を被告とする裁判が禁止されている。　［　　　］

12 地方自治

⚠ 重要語句で整理

1 地方自治の本旨

① **地方自治制度** 日本国憲法の下で市町村と都道府県は大きな自治権を あたえられ，1947年，[❶ 　　　　　　法] が制定された。イギリスの政 治学者ブライスは，「地方自治は [❷ 　　　　　　　　　]」と表現した。

② **地方自治の本旨** 地域住民全体により構成される地方公共団体が，中 央政府から自立して行政を行う [❸ 　　　　　　　※1] と，地方公共団体の運 営を住民の意思と参加に基づいて行う [❹ 　　　　　　※2] の側面がある。

③ **住民の直接請求権** 条例の制定・改廃を請求するイニシアティブ，首長・ 議員・役員の解職を請求する [❺ 　　　　　※3]，特別法の制定に対する 住民の意思を問う [❻ 　　　　　] (レファレンダム) の制度がある。

④ **地方公共団体の活動** 住民が健康で文化的な生活を送るために必要な 公的サービスの水準である [❼ 　　　　　※4] の実現を目標とする。

2 地方自治の運営 出る

① **地方公共団体の仕事** 上下水道，学校，ごみ収集，福祉サービスなど。

② **二元代表制※5** 議決機関である議会と執行機関である [❽ 　　　] (知 事・市町村長) が，ともに住民の直接選挙で選ばれる。

③ **議会** 法律の範囲内で [❾ 　　　] を制定する権限をもつ。[❽] は議 会の決定に対する拒否権をもつのに対し，議会は不信任決議権をもつ。

④ **地方公共団体の事務** 1990年代，地方分権改革により機関委任事務※6が 廃止され，地方公共団体が主体的に処理できる [❿ 　　　　　※7] と，本 来は国が行うべき [⓫ 　　　　　※8] とに分類された。

3 地方自治の課題 出る

① **地方財政** 自主財源の割合が低く，[⓬ 　　　　　　　※9]・国庫 支出金・地方債などの依存財源の割合が高い。このため，三位一体の改※10 革※11が行われた。2008年からは，ふるさと納税制度も実施。

② **分権改革** 1999年に地方分権一括法が制定されるなど，国から自治体 への権限移譲が進められている。また，[⓭ 　　　　] (非営利組織) や NGO (非政府組織) などの公共政策への参加，一部の地方公共団体によ る自治基本条例の制定，オンブズマン制度※12の導入も進んでいる。

> **Point**
> ▶地方自治の構造…執行機関と議決機関の二元代表制
> ▶住民自治…直接請求権，住民投票，オンブズマン制度

※1 この本旨に基づき，条例制定権と国の関与しない行政権が認められている。
※2 この本旨に基づき，直接請求権が認められている。
※3 解職・解散請求については，有権者の3分の1以上という多くの署名が必要とされる。

※4 一方で，国家が国民に保障すべき最低限度の生活水準のことは，ナショナル・ミニマムという。

※5 内閣総理大臣が国会で選出される国の制度とは異なり，首長も議会もそれぞれ住民の代表となる。

※6 国の指揮監督の下で行う事務。
※7 このうち，国民健康保険の給付，介護保険，福祉サービスについては，法律や政令によって事務処理が義務づけられている。
※8 必ず法律や政令によって事務処理が義務づけられている。
※9 地方公共団体間の財政格差をうめるため，国税の一部を地方に配分する。
※10 道路整備，義務教育などの費用の一部を，国が負担する制度。
※11 国から地方への税源の移譲，国庫支出金の削減，地方交付税の見直しを同時に推進する改革。
※12 オンブズ・パーソン制度，行政監察官制度ともいう。市民の立場から行政などの監察を行う制度。

⊞ 図表で整理

● 地方自治の機構

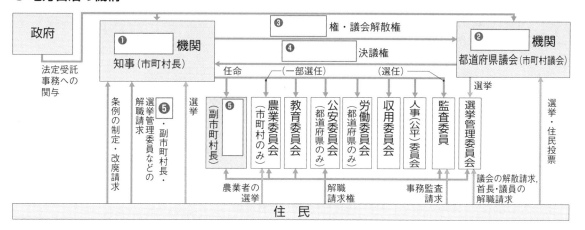

● 直接請求権

請求	必要署名数	請求先	手続き
条例の制定・改廃の請求	有権者の ❻ 分の1以上	首長	首長が議会にかけて決議し，その結果を公表する。
事務 ❼ 請求	有権者の ❻ 分の1以上	❼ 委員	❼ の結果を公表し，議会・首長などにも報告する。
議会の ❽ 請求	有権者の ❾ 分の1以上	❿	住民の投票に付し，過半数の同意が得られれば ❽ する。
首長・議員の解職請求	有権者の ❾ 分の1以上		住民の投票に付し，過半数の同意が得られれば解職される。
副知事・副市町村長・その他の公務員の解職請求	有権者の ❾ 分の1以上	首長	議会で3分の2以上の出席，4分の3以上の同意により解職。

⊗ 正誤問題でチェック

内容の合っているものには○，誤っているものには×をつけよう。

① 執行機関として，首長のほかに中立性や専門性が求められる行政分野を中心に行政委員会 　[　　]
　がおかれている。

② 市町村の条例は，その市町村議会での議決と総務大臣の許可を経て制定される。 　[　　]

③ 地方公共団体によっては，条例による住民投票の投票権が18歳未満の者にも認められている。 　[　　]

④ 監査委員は，住民からの直接請求を受けて行政事務の執行を監査し，その結果を国会に報 　[　　]
　告しなければならない。

⑤ 国と地方自治体の間に対等な関係を構築するため，法定受託事務が廃止された。 　[　　]

⑥ 国庫支出金は，財政力に欠ける地方公共団体の救済を目的とするため，財政が豊かな地方 　[　　]
　公共団体には支給されない。

1 〈国会と立法，内閣と行政〉

次の文を読み，あとの問いに答えなさい。

〔(6)10点，(3)(8)各4点，他各2点　計46点〕

日本国憲法は，国会と内閣の関係について，①_____制を採用している。まず，憲法第66条第3項は，「内閣は，a行政権の行使について，国会に対し連帯して責任を負ふ」と規定し，内閣の b連帯責任の原則を定めている。そして，憲法第69条は，「c内閣は，衆議院で不信任の決議案を可決し，又は信任の決議案を否決したときは，②_____日以内に衆議院が解散されない限り，③_____をしなければならない」と規定し，衆議院が内閣に対する不信任決議権を有することを定めている。さらに，憲法第67条が，d内閣総理大臣を国会が指名することを定めるなど，細かな規定が成文化されている。国会は，日本における唯一の④_____機関である。国会の構成員たる国会議員は選挙によって選出される。衆議院が解散された場合を例にとると，まず，憲法第54条第1項の定めにしたがって，解散の日から⑤_____日以内に，衆議院議員の総選挙を行い，その後，その選挙の日から⑥_____日以内に，国会を召集しなければならないことになっている。国会の実質的な議論の場としては，議院全体の会議である⑦_____とともに，議院に設置された e委員会が重要な役割を担っている。

(1)　①～⑦にあてはまる語句・数字を，ア～スから1つずつ選びなさい。

ア　10　　イ　20　　ウ　30　　エ　40　　オ　直接民主
カ　総会　　キ　本会議　　ク　総辞職　　ケ　議院内閣
コ　立法　　サ　罷免（ひめん）　　シ　司法　　ス　二院

(2)　下線部aに関連して，次のA～Dの政策を専門的に行うために設置されている省庁を，ア～カから1つずつ選びなさい。

A　教育・文化　　B　産業振興　　C　治安　　D　社会保障
ア　環境省　　イ　経済産業省　　ウ　文部科学省
エ　厚生労働省　　オ　財務省　　カ　国家公安委員会

(3)　下線部bに関連して，内閣総理大臣とすべての国務大臣が署名をすることで決定がなされる会議を何というか。

(4)　下線部c以外に，内閣の③_____を行う場合を，ア～エから1つ選びなさい。

ア　内閣提出の法律案が否決された。　　イ　予算が否決された。
ウ　内閣総理大臣が欠けた。　　エ　内閣総理大臣が刑事訴追（そつい）された。

(5)　下線部cは，衆議院の優越の一例である。衆議院が優越する例としてあてはまらないものを，ア～エから1つ選びなさい。

ア　国政調査　　イ　予算の審議　　ウ　条約の承認　　エ　法律案の議決

(6)　衆議院が参議院に対して優越した権限をあたえられている理由を，「任期」「意思」という語句を用いて簡単に書きなさい。

(7)　下線部dについて，これが行われる国会を，ア～エから1つ選びなさい。

ア　常会　　イ　特別会　　ウ　臨時会　　エ　緊急集会

(8)　下線部eについて，重要な議案では，委員会の審議において専門家の意見を聞く会議が開かれることがある。この会議を何というか。

1

(1)　①_____
　　②_____
　　③_____
　　④_____
　　⑤_____
　　⑥_____
　　⑦_____
(2)　A_____
　　B_____
　　C_____
　　D_____
(3)_____
(4)_____
(5)_____
(6)_____
_____
(7)_____
(8)_____

❓ヒント

(1)①国民は立法を行う議会の議員を選ぶ。議会には行政の中心となる首相を選ぶ権限がある。
③内閣総理大臣とすべての国務大臣が辞職すること。
⑥選挙の結果をふまえて，内閣総理大臣が国会によって指名される。
(2)D社会保障を担当する省と，労働者の権利保護を担当する省が，省庁再編により統合された。
(5)このほか，弾劾（だんがい）裁判所の設置，憲法改正の発議などは，衆参対等な権限をもつ。

2 〈裁判所と司法〉

次の文を読み，あとの問いに答えなさい。　〔(2)4点，他各3点　計25点〕

　裁判所には，最高裁判所と下級裁判所がある。最高裁判所はその長たる裁判官が内閣の①□□□に基づいて②□□□によって任命され，その他の裁判官は内閣によって任命される。下級裁判所の裁判官は，③□□□の指名した名簿によって内閣が任命する。裁判所には司法権の独立が保障され，すべての裁判官は，④□□□と法律にのみ拘束（こうそく）されるほかは，その⑤□□□に従い，独立してその職権を行う。それを実質的にも保障するために裁判官の身分は保障されているが，最高裁判所の裁判官については⑥□□□により罷免される場合がある。なお，最高裁判所は a 一切（いっさい）の法律，命令，規則又は処分が憲法に適合するかしないかを決定することができる終審裁判所でもある。また，裁判への一般市民の参加を認める制度として， b 裁判員制度が導入されている。

(1)　①〜⑥にあてはまる語句を，ア〜コから1つずつ選びなさい。

　ア　弾劾裁判　　イ　指名　　ウ　国民審査　　エ　良心　　オ　天皇
　カ　法律　　キ　認証　　ク　総辞職　　ケ　憲法　　コ　最高裁判所

(2)　下線部aの権限を何というか。

(3)　下線部bが導入されている刑事裁判について誤って述べたものを，ア〜エから1つ選びなさい。

　ア　検察官（けんさつ）が被疑者（ひぎ）を起訴（きそ）して裁判が始まる。
　イ　簡易裁判所からの控訴（こうそ）は地方裁判所に対して行われる。
　ウ　訴えられた側を被告人（ひこく）とよぶ。
　エ　裁判は公開で行われる。

3 〈地方自治〉

次の文を読み，あとの問いに答えなさい。　〔(3)(4)各4点，他各3点　計29点〕

　1990年代から a 地方分権が積極的に進められてきたが，これは地方公共団体が国の政府から干渉（かんしょう）を受けずに地方の行政事務を処理できるという，①□□□を確立しようとするものである。しかし，地方自治体において民主主義を実現しようとすれば，地方行政を地域住民の意思で行うという②□□□の充実が不可欠である。住民は，議会の議員を b 選挙で選び，かつ首長も選挙で選ぶことができる。議員および首長の任期は，③□□□年で，議会は一院制である。住民がそれぞれ選挙を通じて民意を反映することができる④□□□代表制である。首長と議会多数派が対立した場合，議会は首長の⑤□□□案を可決することができる。また，住民による直接請求では， c 条例の制定・改廃を⑥□□□以上の有権者の署名によって首長に提出できる。

(1)　①〜⑥にあてはまる語句・数字を，ア〜コから1つずつ選びなさい。

　ア　住民自治　　イ　解職　　ウ　一元　　エ　二元　　オ　団体自治
　カ　不信任　　キ　3分の1　　ク　50分の1　　ケ　4　　コ　6

(2)　下線部aの試みとしてあてはまらないものを，ア〜エから1つ選びなさい。

　ア　市町村合併　　イ　首都機能移転
　ウ　税源の移譲　　エ　機関委任事務の拡大（かくだい）

(3)　下線部bについて，被選挙権が満30歳以上の議員，あるいは首長は何か。

(4)　下線部cを請求する住民の権利を，カタカナで何というか。

2

(1) ①＿＿＿＿
　　②＿＿＿＿
　　③＿＿＿＿
　　④＿＿＿＿
　　⑤＿＿＿＿
　　⑥＿＿＿＿

(2) ＿＿＿＿

(3) ＿＿＿＿

❓ヒント

(1)①内閣の裁判所に対する抑制（よくせい）。
　④⑤司法権の独立を示している。
　⑥最高裁判所裁判官が対象である点に注意する。

(3)裁判員制度は，重大事件の第一審に国民が裁判員として参加する制度。

3

(1) ①＿＿＿＿
　　②＿＿＿＿
　　③＿＿＿＿
　　④＿＿＿＿
　　⑤＿＿＿＿
　　⑥＿＿＿＿

(2) ＿＿＿＿

(3) ＿＿＿＿

(4) ＿＿＿＿

❓ヒント

(1)①は自由主義的・地方分権的な要素をもち，②は民主主義的要素をもつ。

(2)仕事や財源を国から地方に移す改革が進められてきた。

(3)国会では，参議院議員が満30歳以上。

(4)住民発案（直接発案）を意味する。

13 戦後政治のあゆみ

[解答] 別冊p.9

⚠ 重要語句で整理

1 戦後政治 出る

① **戦後政治の出発** 吉田茂を党首とする [❶   党] が優位となり，冷戦下において，アメリカとの協調を強める政策へ転換した。※1

② **政党政治** [❶] などの保守勢力と，日本社会党，日本共産党などの革新勢力が，憲法第9条をめぐって対立。1955年には [❶]・日本民主党の [❷   ]※3 で生まれた自由民主党（自民党）の一党優位体制の下で，保守・革新が対立した（[❸   体制]）。

③ **革新自治体** 1960年代の高度経済成長にともない，民社党や公明党が※4 支持を広げる。1960年代後半からの住民運動を背景に，日本社会党や※5 日本共産党の知事や市長が当選し，革新自治体が誕生した。

④ **保守政治の変化** 1970年代以降はロッキード事件，リクルート事件などの汚職事件で [❹   政治] が問題となり，保守政治は停滞した。

⑤ **政治の腐敗** 自民党政権下では [❺   ]（圧力団体）が力を増し，[❺] と官庁の橋渡しをする [❻   ]※6 が現れた。また，自民党内で首相の座をめぐって [❼   ]※7 が争った。

2 連立政権の時代

① **政治体制の転換** 1993年の総選挙で自民党は政権を失い，細川護熙を首相とする非自民 [❽   政権] が成立。その後，小選挙区比例代表並立制の導入，政党助成法の制定など，[❾   改革]※8 が行われた。

② **二大政党化** 2001年には小泉内閣が誕生し，[❿   改革] を進めたが，2007年以降は「ねじれ現象」が生じた。2009年には民主党を中心※10 とした鳩山内閣が成立し，[⓫   ] が実現。しかし，選挙前に掲げた [⓬   ]（政権公約）の実現の失敗などから，2012年に自民党が政権を奪い返した。

③ **一強多弱化** 第二次安倍政権の下，自民党が安定した議席を獲得し続ける一方，野党勢力は離合集散が続き弱体化していった。

※1 1951年にはサンフランシスコ平和条約，日米安全保障条約を締結した。
※2 かつては，教養や財産をもつ有力者からなる名望家政党により行われていたが，20世紀には，一般大衆による大衆政党が力をもった。
※3 1955年の衆議院解散・総選挙の結果，日本民主党が第一党となったが過半数には届かず，自由党と合同して自由民主党を結成した。
※4 保守・革新の両方に不満をもつ人々に支持され，中道政党とよばれた。
※5 高度経済成長による都市化が生んだ公害などの問題に対しておこった。
※6 農林族，運輸族，建設族など。
※7 特定の政治家を中心として結集している議員の集団。

※8 政党へ国庫から助成金を交付する制度を定めている。
※9 財政投融資改革，郵政民営化，特殊法人改革（三位一体の改革）などが進められた。
※10 衆議院と参議院で多数派が異なる状態。内閣提出法案が参議院で否決されることが増え，政治が停滞した。

Point

▶ 55年体制…保守 対 革新。自民党の派閥政治，金権政治
▶ 連立政権…政治改革，構造改革，政権交代と政治の混迷

🏛 図表で整理

● 政党の移り変わり（主要政党のみ）

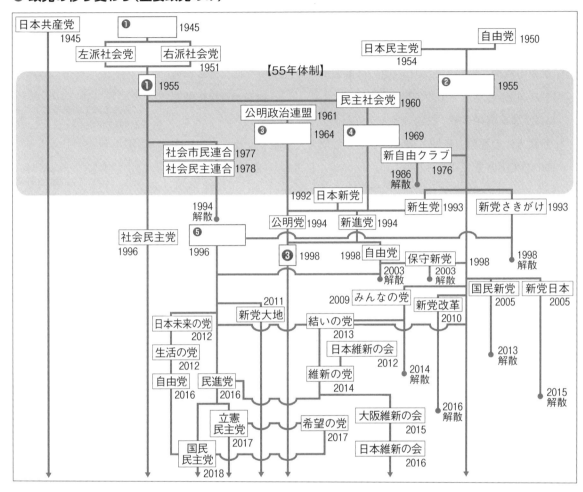

⊗ 正誤問題でチェック

内容の合っているものには〇，誤っているものには×をつけよう。

① 自由民主党単独政権下では，党の総裁が首相になるため，総裁の座をめぐって派閥間の抗争が激化した。　　［　　］

② 政党は国会内外で活動する政治団体であるのに対し，派閥は国会内だけの団体であり，国会法では派閥の所属議員数の比率により各議院の常任委員や特別委員を割り当てるとしている。　　［　　］

③ 政党助成法（1994年）は，政党に対する企業・団体献金を制限するかわりに，国が政党に対して政党交付金による助成を行うこととし，このために必要な政党の要件などを定めた。　　［　　］

④ リクルート事件は，情報産業リクルート社が，子会社リクルートコスモス社の未公開株を政治家や官僚に賄賂として供与した事件であり，竹下登首相が起訴された。　　［　　］

⑤ 2010年，民主党の鳩山由紀夫内閣が発足したが，同7月の参議院議員通常選挙において民主党が単独過半数を獲得できなかったため，「ねじれ現象」が生じた。　　［　　］

14 選挙制度と政党

⚠ 重要語句で整理

1 選挙制度 出る

① **選挙の原則** 一定年齢以上の国民に選挙権・被選挙権をあたえる普通選挙，投票の価値を平等に扱う[❶　　　　　　]，有権者が直接候補者に投票する直接選挙，投票の秘密を守る[❷　　　　　　]。

② **投票方法の種類** 候補者個人に投票する個人代表制と，政党の得票率に応じて議席を配分する[❸　　　　　　※2]がある。[❸]は多党制を生むため，小党分立をまねき政局が不安定になりやすい。

③ **選挙区制の種類** 1選挙区から1人を選出する[❹　　　　　　]や，2人以上を選出する大選挙区制。[❹]は死票が多いが二大政党制を生む。

④ **日本の選挙制度** 衆議院では大選挙区制の一種で，1選挙区から3〜5人を選出する[❺　　　　　　]がとられてきたが，1994年に公職選挙法が改正され，[❸]と[❹]を合わせた[❻　　　　　　]※5が導入された。参議院では2000年に，[❼　　　　　**比例代表制**]と都道府県単位を基本とする選挙区選挙の併用が始まった。

2 選挙の問題点

① **議員定数の不均衡** 選挙区ごとに，議員1人に対する有権者数の割合に大きな差があり，「[❽　　　　　　※6]」として問題となっている。最高裁判所は，投票価値の平等原則に反するとして，違憲判決を下している。

② **選挙運動** 公職選挙法の改正によって，選挙違反に対して，選挙活動の責任者と当選者に連帯責任を科す[❾　　　　**制**]※7が強化された。政治資金を透明化するために，[❿　　　　　　]が改正され，国が政党交付金を支出することを決めた[⓫　　　　　　]も制定された。投票率が低迷するなかで，マニフェスト(政権公約)が示されるようになった。

③ **政治的無関心** 投票率の低迷には，政治的無関心があり，支持する政党がない[⓬　　　　　　]の増加がある。特に若い世代で投票率が低い。

④ **参政権の範囲** 日本では2016年に選挙権年齢が満20歳以上から満[⓭　　**歳**]以上に引き下げられた。また，国政選挙においては，在外邦人の投票が可能になった。2013年から[⓮　　　　　　]を通した動画や電子メールなどによる選挙運動が解禁された。

```
Point
▶選挙制度…小選挙区制，大選挙区制，比例代表制
▶選挙の問題点…一票の格差，選挙違反，投票率の低下
```

※1 日本においては，1925年に満25歳以上の男子による普通選挙が実現した。

※2 各政党の得票数を整数で割り，商が大きい候補者から議席を割り当てていくドント式が採用されている。
※3 単独で政権を担当するだけの勢力をもたない3つ以上の政党が，主導権をめぐって争う体制。少数派の意見が反映される。
※4 落選者に投じられた，議席に結びつかない票。
※5 衆参両院の議員定数や選挙制度，選挙権・被選挙権などについて定めた。

※6 一票の重みが最大の選挙区と最小の選挙区では，参議院では最大6.59倍の開きがあった(1992年)。裁判所は，「違憲状態」との判決をたびたび衆参両院に対して下してきた。政府は参議院の選挙区選挙で島根・鳥取，高知・徳島の選挙区をそれぞれ統合して合区とするなどの改革を行い，その結果，格差は縮まってきている。
※7 選挙運動統括責任者や出納責任者が買収などの罪で刑に処せられた場合，候補者が買収等に関わっていなくても当選は無効となり，その選挙区で5年間は立候補できない。

🌐 図表で整理

● 制度

制度	長所	短所
❶	政党ごとの得票率に応じて議席が配分される。落選者へ投じられる ❷ が少ない。	小党乱立により政局が不安定になりやすい。
❸	少数意見を反映できる。❷ が少ない。	小党乱立により政局が不安定になりやすい。一般的に選挙区が広くなるため，多額の選挙費用が必要となる。
❹	❸ の一種で ❸ と ❻ の両方の長所をあわせもつ。	同じ党内で ❺ 争いが発生しやすい。
❻	選挙区がせまいため選挙費用が少ない。有権者が広く候補者を知ることができる。二大政党制を実現しやすい。	❷ が多くなり，大政党に有利となる。選挙違反がおこりやすい。

● 日本の国政選挙

議院	任期	議員定数	選挙区	重複立候補	投票方法
衆議院	❼ 年（解散あり）	❽ 人	小選挙区制　289人（選挙区ごとに政党などが候補者を立てる）	あり	候補者名
			比例代表制(拘束名簿式)　176人（全国を11ブロックに分ける）		政党名
参議院	6年（❾ 年ごとに定数の半数を改選）	❿ 人	選挙区制　148人（45選挙区）	なし	候補者名
			比例代表制(非拘束名簿式)100人（全国1区）		候補者名＋政党名

⊗ 正誤問題でチェック

内容の合っているものには〇，誤っているものには×をつけよう。

① 日本の衆議院議員は，比例代表選挙においては，全国を11に分けたブロックごとに，18歳　　[　　]
以上の有権者によって選出される。

② 衆議院の小選挙区比例代表並立制において，小選挙区の立候補者は，比例代表には重複し　　[　　]
て立候補できない。

③ 参議院の比例代表選挙は，全国を1つの単位として投票する方式である。　　　　　　　　　[　　]

④ 衆議院議員選挙においても参議院議員選挙においても，選挙運動の際の戸別訪問が認めら　　[　　]
れている。

⑤ 無党派層とは，政党の公認を受けた候補者には投票しない人々をいう。　　　　　　　　　[　　]

⑥ マニフェストに示された内容は，政党の単なる政治的義務ではなく，法的拘束力をもつ法　　[　　]
的義務である。

15 世論と政治参加

⚠️ 重要語句で整理

1 民主政治と社会集団 出る

① **政治に影響をあたえる集団** 労働組合などの [❶　　　　]*¹ (圧力団体)が，政治や行政に働きかけている。アメリカではその代理人をロビイストとよぶ。その活動は政治腐敗をまねくなどの弊害も引きおこした。近年はこういった集団に属する人が減り，影響力も弱まっている。

② **民意による政治** 公共の問題に関する人々の意見を [❷　　　　] といい，それを数値化したものが [❷] 調査である。その形成には，新聞，テレビなどの [❸　　　　]*² が影響している。

③ **報道の問題点** 権力者*³が [❸] を利用して [❷] 操作を行うことがある。[❸] が立法・行政・司法権につぐ「[❹　　　　]*⁴」となって過剰な影響力をおよぼしているという指摘もある。個人による情報の発信が増えたことにより，事実とは異なる内容を含む [❺　　　　　　] が拡散されることが増えている。

④ **情報化の進展** 近年はソーシャル・ネットワーキング・サービス*⁵([❻　　　　]) を利用した情報提供や議論も盛んである。[❸] から発信される情報を多角的・批判的に読み取る [❼　　　　　　] を身につける必要がある。また，[❻] は匿名性が高いため，理性的な議論が求められる。

2 政治参加の変化

① **大衆の社会的要求** デモ，集会などを行って政治に影響をあたえようとする消費者運動，労働運動などの運動を [❽　　　　]*⁶ という。近年は特定の問題にしぼって活動する [❾　　　集団] による運動が増えている。

② **市民団体の活動** 政府以外の構成員が貧困・環境問題などに取り組むためにつくった国際的な組織を [❿　　　　]*⁷ (非政府組織)といい，国境を越えた活動を行っている。これに加え，一般の営利企業とは異なって利潤を得ることを目的とはしない [⓫　　　　]*⁸ (非営利組織)の活動が広がっている。1998年には，その活動をさらに促進するために，特定非営利活動促進法([⓫]法)が制定された。

> **Point**
> ▶民意による政治…利益集団の活動，マスメディアの世論への影響
> ▶市民の活動…大衆運動，市民運動，住民運動，NGO，NPO

*¹ 19～20世紀にかけて，議会の地位向上，職業の専門化などにともなって，欧米諸国で出現した。

*² これを介した大量で一方的な情報伝達を，マス・コミュニケーション(マスコミ)という。

*³ 政府は放送免許の許認可権などを通じて，大きな影響力をもっている。それとは別に，新聞社やテレビ局は私企業であるため，大株主の意向を反映しなければならない面もある。

*⁴ マスメディアは立法・行政・司法の三権を監視するものとされてきたが，近年は，メディアに対する批判的な意味もふくんでいる。

*⁵ ブログ，ツイッター，フェイスブックなど。

*⁶ 19世紀以降の産業革命の進展と，選挙権の拡大にともなって活発になっていった。

*⁷ Non-Governmental Organization の略称。

*⁸ Non-Profit Organization の略称。

⊞ 図表で整理

● マスメディアと情報化

種類	情報の伝達
❶　　　　　・雑誌	文字と画像を紙に印刷して情報を伝える。雑誌は速報性に劣る。
❷	映像と音声で情報を伝える。速報性がある。
❸	音声だけで情報を伝える。速報性がある。
❹	文字・音声・映像が結合したネットワーク。速報性がある。双方向である。

● 情報社会の問題点

❺	権力者が，公共の問題に関する人々の意見を調査した結果を悪用して，世論を誤った方向へ導く。
❻	大手マスメディアの記者が自主的に構成する組織で，フリーランスの記者が参加しづらい排他性をもつ。
❼	情緒的な動機で政治に対する態度を決定する大衆により支持される政治。2010年代後半のアメリカ合衆国で顕著となった。
❽　　　　　の侵害	SNSを通じた個人情報の暴露，誹謗中傷が社会問題となり，2022年には刑法における侮辱罪の罰則が厳格化された。

⊗ 正誤問題でチェック

内容の合っているものには〇，誤っているものには×をつけよう。

① 世論は一人ひとりの意見の集まりであるから，人々は自分自身の考え方まで形づくる必要はない。　［　　　］

② 利益集団は，自らが政権を担当することを志向しないことで，政党と区別される。　［　　　］

③ 利益集団とは，国民の多様な意見や利害を集約して政策案を策定し，その実現のため，政権の獲得をめざして活動する組織のことを指す。　［　　　］

④ アメリカ合衆国のような大統領制の下では，立法部の構成員のみが法案提出権をもつため，利益集団は，議員に働きかけるロビー活動が中心となる。　［　　　］

⑤ 利益集団が多くなると，相互にチェックしあい，むしろ健全な政治がもたらされる。　［　　　］

⑥ 世論調査結果についてマスメディアが行う報道は，調査の対象となった問題に対する意見を国の政治に反映させる機能をもつ。　［　　　］

⑦ マスメディアは，これまで政治権力による報道の統制に従ったことはない。　［　　　］

⑧ 大衆運動は，国政選挙における特定の勢力の支援を目的としない場合でも，運動に参加した者の意見を国の政治に反映させる機能をもつ。　［　　　］

⑨ マスメディアは事実を正確に伝えるので，誤報で人々に迷惑をかけることはない。　［　　　］

⑩ メディア（情報）・リテラシーは，マスメディアの報道を批判的に読み解く能力をふくまない。　［　　　］

1 〈戦後政治のあゆみ〉

右の年表を見て，次の問いに答えなさい。　　〔各4点　計24点〕

(1) 次の①～④のことがらに関連が深い人物を，年表中の A ～ I から1人ずつ選びなさい。
① ロッキード事件で起訴された。
② 保守合同により，55年体制が始まった。
③ 非自民連立内閣を初めて実現した。
④ 高度経済成長のさなか，経済成長を政策の中心とした。

(2) 下線部 a について，この時期に行われた公職選挙法の改正，政党助成法の制定などの改革をまとめて何というか。

(3) 下線部 b について，この時期に「小さな政府」をめざして行われた改革をまとめて何というか。

首相	できごと
A 吉田茂	日本国憲法公布 独立回復
B 鳩山一郎	国連加盟
C 岸信介	安保条約改定
D 池田勇人	所得倍増計画
E 佐藤栄作	沖縄返還
F 田中角栄	日中国交樹立
G 中曽根康弘	JR，NTT民営化
H 細川護熙	a 公職選挙法改正
I 小泉純一郎	b 郵政民営化

2 〈選挙制度と政党〉

次の文を読み，あとの問いに答えなさい。　〔(4)各3点，他各4点　計41点〕

　各政党は a 何らかの社会・政治勢力をその支持基盤とするが，特定の利益を代弁するだけでなく，全国民的利益をめざすことが求められる。歴史的にみると当初の政党は「財産と教養」の主体である名士たちの議員団政党，いわゆる①□□□として成立した。こうした政党の性格を変化させたのが普通選挙制の導入である。日本国憲法は，政党に関して明文で規定していないが，b 憲法は，政党の存在を当然に予定しているものといえる。政党の最も重要な機能は，国民と公権力を橋渡しすることである。つまり政党は，最終的には国家の意思を形成するために，主権者である国民のもつ多様な政治意思をある程度統合するという機能を果たす。国民の意思形成は②□□□制では選挙を通して行われるので，政党の働きも重要なものとなる。ところで，選挙制度を通して民意を議会に反映させる方法として，2つの基本的な考え方の違いがある。1つめは，c 国民のなかに存在するさまざまな意見をできるかぎり忠実に議会に反映させ，その議会における協調・討論を通して合意を形成することが重要であるとする考え方である。この考えにおいては，多様な民意を政策意思へ統合すること，すなわち多数派形成は国民の代表機関である議会における政党間の協調・妥協に委ねられる。2つめは，d 選挙の結果に従って政権交代が行われることが重要であるとする考え方である。各政党は③□□□（政権公約）を有権者に示すと同時に，党首を首班指名候補者として選挙戦を戦うという形で，e 選挙時に多数派が形成され，政権の選択がなされる。公職選挙法は選挙において政党に特別の地位を認めているが，これ以外にも，政党に関しては④□□□（1948年），政党助成法（1994年）など，法律で特別の規律がなされている。

1

(1) ①
　　②
　　③
　　④
(2)
(3)

❓ヒント

(1)①1976年の，航空機売り込みのための贈賄事件。
②保守政党どうしの抗争が終わりを告げ，自民党の長期政権へ向かった。
③宮沢内閣への不信任決議案可決を受けた解散・総選挙の結果，自民党が政権を失った。

2

(1) ①
　　②
　　③
　　④
(2)
(3)

(4) ①
　　②
　　③
(5)

❓ヒント

(1)①マックス・ウェーバーによる類型。
②代議制民主主義，議会制民主主義ともいう。

(1) ①〜④にあてはまる語句を, **ア**〜**ケ**から1つずつ選びなさい。

ア マニフェスト **イ** 直接民主 **ウ** 大衆政党 **エ** 国会法

オ 間接民主 **カ** 政治資金規正法 **キ** イギリス

ク 名望家政党 **ケ** プロパガンダ

(2) 下線部**a**について, 農業団体・経営者団体が, それぞれの本来の目的を実現するために政治に働きかけるとき, その団体は何とよばれるか。

(3) 下線部**b**について, 日本国憲法が政党の存在を当然に予定していると考えられる根拠を, **ア**〜**エ**から2つ選びなさい。

ア 前文その他で, 議会制民主主義を採用している。

イ 第65条で, 「行政権は, 内閣に属する」としている。

ウ 第21条で, 結社の自由を保障している。

エ 第81条で, 裁判所に違憲審査権があたえられている。

(4) 下線部**c**・**d**の考え方について, 次の①〜③のうち, 正しく述べたものに〇を, 誤って述べたものに×を書きなさい。

① 下線部**c**に最も適合する選挙制度は比例代表制である。

② 下線部**d**が想定するのは多党制である。

③ 下線部**d**の下では連立政権になりやすい。

(5) 下線部**e**について, 衆議院議員選挙で導入されている選挙制度を, まとめて何とよぶか。

---

3 〈世論と政治参加〉
次の文を読み, あとの問いに答えなさい。 〔(4)説明7点, 他各4点 計35点〕

行政から住民への情報提供が十分ではないなかで, _aマスメディアは, 知る権利の担い手として政治や行政, 住民の活動や事件に関わる情報を住民に提供するとともに, 住民に対して問題解決のための主張をすることにより①□□□□を形成する。マスメディアは, 立法・行政・司法に大きな影響をあたえることから「②□□□□の権力」として, その責任の重さを自覚しなければならないが, 住民も, メディア・③□□□□を身につけて情報を取捨選択し, _b民主主義の主体としての自覚をもち, 政治的④□□□□に陥ることのないようにしなければならない。

(1) ①〜④にあてはまる語句を, **ア**〜**ク**から1つずつ選びなさい。

ア リテラシー **イ** 第三 **ウ** 第四 **エ** コンプライアンス

オ 無関心 **カ** 世論（せろん） **キ** 公約 **ク** 空白

(2) 下線部**a**について誤って説明したものを, **ア**〜**エ**から1つ選びなさい。

ア マスメディアはさまざまな権力や圧力に屈してしまうことがある。

イ マスメディアはそれぞれ独自の調査を行い, 国民の意見を集約している。

ウ マスメディアは誤報により社会に混乱をもたらすことはない。

エ マスメディアは興味本位に報道することがある。

(3) 下線部**b**について, デモ集会などを行って政治に影響をあたえようとする消費者運動, 労働運動などをまとめて何とよぶか。

(4) 下線部**b**に関連して, NPOとはどのような団体か, 説明しなさい。また, その団体の活動を法人税の免税措置などにより支援するために制定された法律名を, 漢字で答えなさい。

---

④政治活動に関する献金の制限を定め, 政治団体の収支報告を義務づける。

(3)これのほか, 第66条第3項, 第67条, 第69条の議院内閣制の規定もあてはまる。

(4)小政党も議席を獲得しやすい比例代表制を採用している場合, 二大政党制と単独政権は実現しにくい。

(5)この制度においては重複立候補制度によって双方（そうほう）の制度が一部連動しているため, 本来は政党への投票を促進する目的で導入された比例代表においても, 候補者が依然として個人的な集票行動に走る傾向が強い。

3

(1) ①_____

② _____

③ _____

④ _____

(2) _____

(3) _____

(4) _____

_____

_____

法律 _____

❓ヒント

(1)②新聞が強い影響力をもつ勢力となった18世紀のイギリスで生まれた言葉といわれる。

③「利用能力」を意味する言葉。

④アパシーともいう。

(3)地球環境問題への関心の高まり, 情報公開の進展などの影響で, 市民が自主的に行う運動も活発化している。

5 章 経済社会の変容

16 資本主義経済の成立と発展

[解答] 別冊p.10

⚠️ 重要語句で整理

1 経済活動の意義

① **経済活動** 資本・[❶   ]・土地からなる生産要素を用いて,生活に必要な財・[❷   ]※1などをつくり出す行為を,生産という。一方,財や[❷]を購入し,生活の必要を満たす行為を[❸   ]という。希少性のある財や[❷]を交換する場を[❹   ]※3という。

② **経済活動の意義** 経済活動において,何かを得るために何かをあきらめる状況を[❺   ]という。他の選択肢を選んだために,得られなくなった便益を[❻   ]※4という。

2 資本主義・社会主義 出る

① **資本主義経済の誕生** 生産・消費の調整を市場での自由な取引に委ねるしくみを[❼   ]※5(資本主義経済)という。18世紀後半の産業革命※6をきっかけに成立。生産手段を所有する資本家階級と,労働力を商品として売る労働者階級に分化した。

② **アダム・スミス** 自由競争で社会の富が増えていく過程を神の「見えざる手」※7とし,[❽   **主義**](レッセ・フェール)の考えを生む。

③ **資本主義経済の変容** 19世紀以降,恐慌が発生する。企業間での競争が[❾   ]※8(技術革新)を促した。労働運動が激化し,労働条件が改善された。資本の集積,資本の集中で,独占資本主義が進行。

④ **資本主義の修正** イギリスの経済学者ケインズによって,消費・投資などの[❿   ]※9の拡大が景気回復と完全雇用をもたらすことが唱えられた。自由放任主義にかわり[⓫   **主義**]が生まれた。

⑤ **社会主義経済の成立** ドイツの経済学者[⓬   ]※11は,社会主義に基づく計画経済への移行を唱えた。ソビエト連邦や中国が誕生。

⑥ **社会主義経済の崩壊** 1980年代,ソ連において[⓭   ](立て直し)がゴルバチョフによって掲げられ,政治・経済を自由化した。中国は改革・開放政策を推進し,社会主義市場経済を導入。

Point
▶生産…資本・労働力・土地を用いて財・サービスを生み出す
▶資本主義経済…自由放任主義→修正資本主義

※1 人間の必要を満たすために生産される,無形のもの。
※2 生産工程を多くの段階に分け,分担して製品を作る分業と,同じ工場で多くの労働者が計画的に協力して労働する協業によって行われる。
※3 限られた資源を多様な人間に効率的に配分する場として発展してきた。
※4 最も効率的と考えられた用途の次に効率的と考えられた用途に投じれば,得られたはずの便益である。
※5 市場経済,生産手段の私有と利潤追求の自由,自由競争などを特徴とする。
※6 イギリスでおこった。エンクロージャー(囲い込み運動)によって土地を追われた農民が,都市労働者となった。
※7 アダム・スミスが『国富論(諸国民の富)』のなかで述べた言葉。重商主義を批判。
※8 オーストリアの経済学者シュンペーターは,企業の「創造的破壊」が資本主義経済発展の原動力であるとした。
※9 貨幣による購買力をともなった需要のこと。
※10 政府が1つの経済主体として市場に介入する。混合経済ともよばれる。
※11 資源の配分,生産,所得の配分を国家の計画によって行う。

図表で整理

● 資本主義の発展と経済思想

時期	変化		経済思想
～18世紀	保護貿易	【重商主義】	トマス・マン…国内産業を保護し，貿易差額によって資本を蓄積。
18世紀	❶ [　] 革命, ❷ [　] 階級と労働者階級の分化	【古典派経済学】	アダム・スミス…神の「見えざる手」によって社会が調和→「夜警国家」，「❸ [　] 政府」などの国家観を生む。
19世紀	❹ [　] 貿易 ↓ 保護貿易	【歴史学派経済学】	リカード…比較生産費説 J.S.ミル…自由主義の理論を提示 リスト…保護貿易を主張
20世紀	技術革新（イノベーション）	【近代経済学】	❺ [　] …資本主義経済において，イノベーションが発展の原動力とした。
	自由放任の転換		❻ [　] …予定調和の資本主義観を否定。不況の原因は消費・投資などの有効需要の不足にあるとした→「大きな政府」。

● 社会主義の成立と変容

時期	変化	内容
19世紀	景気循環，帝国主義の台頭	【社会主義】 マルクス…資本主義の矛盾を解明，生産手段の国有化，❼ [　] 経済を唱える。❽ [　] 階級による革命を説く。
20世紀	社会主義革命	❾ [　] (1917年)…レーニンがプロレタリア独裁を唱えて革命をおこす。 →ソビエト連邦の成立(1922年) →東ヨーロッパ，中国，ベトナムなどへ計画経済のしくみが拡大
	社会主義の衰退	中国…1970年代から ❿ [　] 政策を推進→社会主義市場経済 ソ連…1980年代にペレストロイカ，グラスノスチ→1991年に解体→市場経済へ移行

正誤問題でチェック

内容の合っているものには〇，誤っているものには×をつけよう。

① 産業革命の結果，労働者階級が形成され，やがて労働者たちは政治意識を高め，チャーティ　[　]
スト運動のように制限選挙に反対するようになった。

② アダム・スミスは，「国家の発展のためには，重商主義が望ましい。」と説いた。　[　]

③ 市場における自由な競争を促進させるための規制緩和政策は，ケインズ政策の一例として　[　]
あげられ，この政策により，不完全競争に基づく有効需要の減少が緩和される。

④ シュンペーターは，経済発展の原動力として技術革新の役割を強調した。　[　]

⑤ マルクスは「工業化におくれた国が経済発展を実現するためには，政府による保護貿易政策　[　]
が必要である。」と説いた。

17 現代の資本主義経済

[解答] 別冊p.11

⚠️ 重要語句で整理

1 現代経済の特質

① **株式会社制度の普及**　技術革新で大量生産・輸送が可能になると，企業は大量生産の利益（[❶ 　　　　]の利益）を追求するようになる。大きな資金を調達することのできる株式会社制度は，企業の大規模化を促し，少数の企業が産業を支配する[❷ 　　　　主義]が台頭。20世紀になると，株主に代わって経営者が企業の実権を握るようになり，「所有と[❸ 　　　　]の分離」が進行。

② **現代経済の潮流**　フリードマンは，1970年代の石油危機に際し，通貨量を経済成長率に合わせて一定率で増減させる[❹ 　　　　※3]を唱え，「小さな政府」をめざす[❺ 　　　　主義※4]を主張。

③ **格差の拡大**　ピケティは，資本主義経済の始まり以降，資産運用の収益率は労働による所得の伸び率を上回り，資産をもつ者ともたざる者の格差は一貫して拡大してきたと主張。

2 経済の一体化 出る

① **現代の経済**　20世紀後半，ヒト・モノ・カネ・情報が国境を越えて移動する，経済の[❻ 　　　　化]が進行し，貿易・[❼ 　　　　※5]・金融の3局面から一体化が強まった。また，製品規格，経済制度などを標準化するグローバル・スタンダードが適用されるようになった。

② **情報化**　[❽ 　　　　技術]（ICT）の発達によって，情報の大量で迅速な送受信が可能となる（IT革命）。

③ **実物経済から金融経済へ**　多くの国に拠点をもつ[❾ 　　　　企業]が国際的ネットワークを展開。[❼]と投機の面で資本移動が拡大し，従来の為替管理が難しくなり，[❿ 　　　　]の自由化が実現。

④ **金融の影響力**　世界的不況を引きおこした。[⓫ 　　　　危機※7]（1997年），[⓬ 　　　　危機※8]（2008年）など。特定の投資家から多額の資金を集めて運用する[⓭ 　　　　]が投機的売買。

⑤ **グローバル・ガバナンス**　[❻]は不平等・格差の拡大をもたらした。また，各国が企業の海外流出を防ぐため，福祉水準・税率・環境規制などの切り下げを競い合う[⓮ 　　　　競争※10]がおこった。

> **Point**
> ▶株式会社制度…規模の利益の追求，所有と経営の分離
> ▶国際経済の拡大…グローバル化，情報化，国際資本移動の自由化

※1　株主の弱体化，株主の監督機能の低下をもたらした。
※2　原油価格がはね上がり，多くの国はスタグフレーションに陥った。
※3　自由な市場に経済を委ねるべきだと主張し，政府の裁量による財政・金融政策を否定。
※4　1980年代のサッチャー政権（イギリス），レーガン政権（アメリカ）が有名。ケインズ主義を批判し，市場の欠陥を政府が補うという「大きな政府」からの転換。
※5　海外の投資先企業に対する株式取得，貸付，債券保有，不動産取得など。
※6　株式や債券を短期的に売り買いすることにより，利ざや（その差額によるもうけ）を得る行為。
※7　機関投資家による投機的売買により，タイの通貨バーツが暴落した。
※8　サブプライムローン問題により，多額の債務を抱えたアメリカの投資銀行リーマン・ブラザーズが破綻した。
※9　欧州連合（EU）の共通政策が，一例としてあげられる。
※10　企業は人件費や地代の安い国へ生産拠点を移そうとする。企業の誘致のために各国が規制緩和を競い，労働条件や社会福祉は最低の水準へ向かう。

⊞ 図表で整理

● 日本における株式の所有者別割合

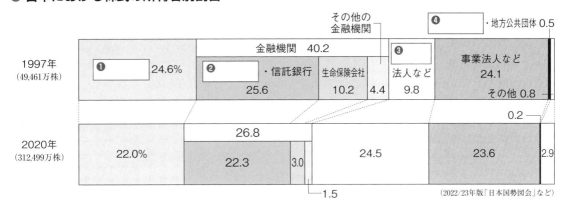

(2022/23年版「日本国勢図会」など)

● 資本主義経済の変化

時期	できごと・経済思想
20世紀	世界恐慌（1929年）→ ❺ ＿＿＿＿＿＿ 政策…ローズベルト大統領（アメリカ）による。国家の手によって有効需要を増やす（ケインズ理論の実践）。 【修正資本主義】（ケインズ）…「 ❻ ＿＿＿＿ 政府」。 →私的経済部門と公的経済部門が併存することから，混合経済ともよばれる。財政規模を拡大した結果，重い税金を免れるため企業が海外へ移転するなどの問題がおこった。政府の財政赤字も拡大。 【新自由主義】（フリードマン）…経済活動の自由と「 ❼ ＿＿＿＿ 政府」を推進，物価の安定のため，マネタリズムを提唱。
21世紀	グローバル化，情報化→ ❽ ＿＿＿＿ ・直接投資・金融の3局面で相互依存が強まる。 ICTの発達による通信の高速化で，金融取引の規模が拡大。 リーマン・ショックによる世界金融危機などがおこる。

⊗ 正誤問題でチェック

内容の合っているものには○，誤っているものには×をつけよう。

① 株式会社制度の確立により広がった規模の利益の追求は，修正資本主義の傾向をもたらした。　[　　]

② フリードマンは，不況が有効需要不足から生じることを明らかにし，政府による市場への　[　　]
　積極的な介入の必要性を唱えた。

③「小さな政府」の考え方で政策運営を行ったことで有名なのは，イギリスのレーガン政権と　[　　]
　アメリカのサッチャー政権である。

④ 1980年代には，外国で企業を設立したり，外国企業の経営権を取得したりすることを目的　[　　]
　に行う直接投資が自由化された。

⑤ サブプライムローン問題を契機に，IMF（国際通貨基金）により資本の自由な移動が原則と　[　　]
　して禁止された。

定期テスト対策問題　5章　経済社会の変容

［解答］別冊p.11

1 〈資本主義経済の成立と発展〉

次の文を読み，あとの問いに答えなさい。　〔(3)6点，他各4点　計58点〕

資本主義経済の特徴としては，次の4点があげられる。
1. 私有財産制の下で，生産のための機械や原材料などの①_____も私有される。
2. ほとんどすべての②_____やサービスは商品として生産され，売買される。
3. 基本的に③_____と_a_労働者という2つの階級によって構成される。
4. 企業は利潤と成長を追求して，市場において激しい自由競争をする。

　こうした資本主義経済のしくみを18世紀に理論化したのがイギリスの経済学者_b_アダム・スミスである。彼は重商主義政策に反対し，④_____主義を提唱した。その後の_c_⑤_____（イノベーション）による生産力の向上は19世紀後半から資本主義に大きな変容をもたらした。まず，大量生産の設備に必要な巨額な資金の自己調達手段としての⑥_____制度の発達である。それとともに，企業間競争は資本の⑦_____・集中を促進し，市場が少数の大企業によって支配される独占・寡占の状況が発生した。国内では貧富の差が拡大し，分配面でも不公平さが顕在化するようになった。1929年にアメリカに端を発した世界恐慌は世界の多くの国々をまきこみ，資本主義経済は大きな危機に直面した。1933年におけるアメリカの実質GNPは1929年比70%にまで低下し，大量の失業者を生み出した。ローズベルト大統領は⑧_____政策をとり，政府が公共事業をおこすことで不況を克服しようとした。第二次世界大戦後，政府の積極的な経済への介入を唱えたケインズの理論に基づく財政政策，金融政策など政府が⑨_____を拡大する政策は，多くの資本主義国で取り入れられた。この政策は，景気の安定だけでなく，社会保障にも政府が大きな役割を担うことになっている。このような資本主義は_d_修正資本主義とよばれ，私的経済部門と公的経済部門が併存することから⑩_____ともよばれる。

(1) ①～⑩にあてはまる語句を，**ア**～**ス**から1つずつ選びなさい。

　ア 独占資本　　**イ** 生産要素(生産手段)　　**ウ** 株式会社
　エ 集積　　**オ** 計画経済　　**カ** ニューディール　　**キ** 財
　ク 資本家　　**ケ** 有効需要　　**コ** 技術革新　　**サ** 混合経済
　シ ブロック経済　　**ス** 自由放任

(2) 下線部_a_に対する搾取に反対し，エンゲルスとともに科学的社会主義理論の確立に努めた経済学者はだれか。

(3) 下線部_b_によって唱えられた「小さな政府」の主張の内容を，「介入」という語句を用いて説明しなさい。

(4) 下線部_c_の重要性を説いた経済学者を，**ア**～**エ**から1つ選びなさい。
　ア シュンペーター　　**イ** ヴェブレン
　ウ リスト　　**エ** ピケティ

(5) 下線部_d_は，資本主義に社会主義的要素を加えた経済である。逆に，社会主義に資本主義を共存させた一国二制度をとっている中国の地域を，**ア**～**エ**から1つ選びなさい。
　ア ペキン　　**イ** マカオ　　**ウ** チョンチン　　**エ** シャンハイ

1

(1) ①_____
　　②_____
　　③_____
　　④_____
　　⑤_____
　　⑥_____
　　⑦_____
　　⑧_____
　　⑨_____
　　⑩_____
(2) _____
(3) _____
_____
(4) _____
(5) _____

❓ヒント

(1)①なかでも土地と労働力は本源的な要素である。
③直接経営を行う者と，投資して配当を得ている者に分けられる。
⑤長期の景気変動を説明するために用いられる言葉。
⑦激しい競争の末，弱小企業は没落し，勝ち残った企業は資本を増やす。
⑨著書『雇用・利子および貨幣の一般理論』で体系化された考えで，個人消費と投資の不足を解消することで，完全雇用を実現しようとした。
(2)価値の根源を人間の労働力に求める労働価値説を基礎とした。
(5)チュー川河口付近に位置する，旧ポルトガル植民地である。

2 〈現代の資本主義経済〉

次の文を読み，あとの問いに答えなさい。　〔(4)B 6点，他各3点　計42点〕

　世界経済において，ₐ情報通信技術の進歩や輸送コストの大幅な低下を背景にして，国際貿易や国際金融取引が拡大し，いわゆる①□□□化が進展している。ᵦ1970年代のスタグフレーションに対してケインズ経済学の有効性が問われ，𝒸マネタリズムなどの「②□□□主義」が台頭していく。実際に，自由化や規制緩和，民営化の言葉に象徴される政策として，1970年代からイギリスでサッチャーによる，1980年代にはアメリカで③□□□による経済政策が実践された。国際貿易や国際金融取引の拡大は，世界経済や各国経済の成長を促進している。国際金融取引は，国際的な資金の過不足を円滑に調整することによって，資本の輸出国・輸入国の双方に利益をもたらす。𝒹海外に工場を建設したり企業を設立したりするなど経営を目的とする④□□□は，発展途上国にとっては雇用の増加や技術・技能の向上につながり，経済発展の原動力となる。

　一方で，さまざまな問題やリスクが発生している。その一つが，世界的な経常収支の不均衡の問題である。経常収支黒字国は，日本やイギリスなどの先進国に代わって，ₑ中国やNIESが多くを占めるようになった。一方で，アメリカは巨額の経常収支の赤字が続いている。そのため，世界的に過剰に供給されてきたドルが，⑤□□□通貨危機や𝒻サブプライムローン問題に端を発した金融危機の原因だという声もある。𝓰今後の世界経済の成長にとって，国際貿易や国際金融取引を促進するための国際的なルールを再構築することが重要となるだろう。

(1)　①～⑤にあてはまる語句を，ア～コから1つずつ選びなさい。

　　ア　アジア　　**イ**　バリアフリー　　**ウ**　アフリカ　　**エ**　グローバル

　　オ　間接投資　　**カ**　カーター　　**キ**　新自由　　**ク**　社会民主

　　ケ　レーガン　　**コ**　直接投資

(2)　下線部**a**について，この語句のアルファベットの略称を書きなさい。

(3)　下線部**b**について，スタグフレーションが発生するきっかけとなった，1970年代前半の経済危機を何とよぶか。

(4)　下線部**c**について，次の問いに答えなさい。

　A　マネタリズムの立場をとったアメリカの経済学者を，ア～エから1つ選びなさい。

　　ア　ピグー　　**イ**　ラッサール

　　ウ　J.S.ミル　　**エ**　フリードマン

　B　マネタリズムとはどのような主張か。「通貨量」という語句を用いて，簡単に説明しなさい。

(5)　下線部**d**のような世界規模の経営を行う企業を何というか。

(6)　下線部**e**について，社会主義国の中国では，1993年の憲法改正で社会主義を維持しつつも自由化・市場経済を進めることとなった。この経済のしくみを何というか。

(7)　下線部**f**の金融危機は，破綻したアメリカの投資銀行の名称から，何とよばれるか。

(8)　下線部**g**について，世界的な課題に対して国際的に共同対処するしくみのことを何というか。

2

(1) ①　＿＿＿＿＿＿＿

　　②　＿＿＿＿＿＿＿

　　③　＿＿＿＿＿＿＿

　　④　＿＿＿＿＿＿＿

　　⑤　＿＿＿＿＿＿＿

(2)　＿＿＿＿＿＿＿

(3)　＿＿＿＿＿＿＿

(4) A　＿＿＿＿＿＿＿

　　B　＿＿＿＿＿＿＿

　　　＿＿＿＿＿＿＿

(5)　＿＿＿＿＿＿＿

(6)　＿＿＿＿＿＿＿

(7)　＿＿＿＿＿＿＿

(8)　＿＿＿＿＿＿＿

❓ヒント

(1)②経済の政府による介入を減らし，「小さな政府」をめざした。この政策は大企業を中心に経済を活性化させる反面，所得格差拡大や福祉支出削減などによる不安を高めることから，新たな政策への転換が模索されている。

　　⑤タイの通貨バーツの暴落がきっかけとなった。

(3)スタグフレーションは，「停滞」と「インフレ」をかけあわせた言葉。

(4)サッチャー政権では，インフレを抑制するため，利子率を引き上げて通貨量の引き締めを達成した。

(5)海外資産の上位企業には，アメリカ，イギリス，日本など先進国の企業が名を連ねている。

(8)効率と公正の要件を満たした，民主的な機構の構築をめざす。

6 章 現代経済のしくみ

18 経済主体と経済循環

[解答] 別冊p.12

⚠️ 重要語句で整理

1 経済の担い手 出る

① **経済の担い手** 経済活動を行う主体を，[❶   ]という。

② **世帯の経済活動** 経済の単位としての世帯を[❷   ]という。労働力の対価として企業から得る[❸   ]などで収入を得て，支出を行う。労働力のほか，資本や土地を企業に提供し，その見返りとして利子・配当・地代を得る。支出のうち，食料費，住居費，教育費，交通・通信費など日々の生活に必要な支出を[❹   ]という。

③ **収入と支出の差額** 所得から[❹]や税金を引いた残りは[❺   ]となる。銀行預金，証券類の購入，生命保険の支払いなどにあてられる。

④ **消費の増加** 消費は所得が増えると増加する。これを[❻   効果]という。また，保有する株式や土地の価格上昇でも，消費は増える傾向にある。これを[❼   効果]という。1980年代の[❽   経済]のころはこの効果が強く表れ，[❽]崩壊後には逆[❼]が働いた。

⑤ **企業の経済活動** 労働力・資本・土地を用いて生産活動を行うことで，[❾   ]を得ている。[❾]を拡大することが，多くの企業にとって主たる目的となっている。

⑥ **政府の経済活動** 家計や企業に対して[❿   ]を課して収入を得て，道路・公園などの[⓫   ]の整備，社会保障など行政サービスの供給を行う。所得格差を是正し，景気を安定させることも役割。

2 経済活動の循環

① **家計・企業間** 生産物の売買と労働力の売買という二重の売買が繰り返され，生産・消費が持続している。

② **政府と家計・企業間** 政府は税金をもとに，公共事業に必要な資材を企業から購入する。公務員の家庭では，家計が政府に労働力を提供し，その対価として賃金を受け取る。こうして，市場経済では３つの[❶]の間で，生産→[⓬   ]→消費→生産…と経済が循環している。

※1 近年は，営利を目的としない非営利組織（NPO）や非政府組織（NGO）も，経済活動の重要な主体となってきている。

※2 生計を営む経済の最小単位であり，単独世帯もふくまれる。

※3 農業を営んだり商店を経営したりして得られる個人業主所得と，企業で働いて得られる勤労所得，利子・配当・地代などからなる財産所得に分けられる。

※4 消費支出に占める食料費の割合をエンゲル係数とよぶ。所得水準が上がるほどエンゲル係数は低くなる傾向がある。

※5 銀行や信用金庫などが現金を預かる場合は預金といい，ゆうちょ銀行（旧郵便局）や農業協同組合などが現金を預かる場合は貯金という。

※6 値上がりによる利益を目的とする土地や株式の購入が過熱し，それらの価格が急激に上昇した時期。

※7 インフラストラクチャー（インフラ）ともいう。道路・港湾などの生産関連のものと，住宅・公園などの生活関連のものがある。

※8 この段階で所得が発生する。

Point

▶経済の担い手…３つの経済主体（家計・企業・政府）

▶経済活動の循環…経済主体の間で生産や消費などの活動が繰り返される

🔲 図表で整理

● 家計の収入

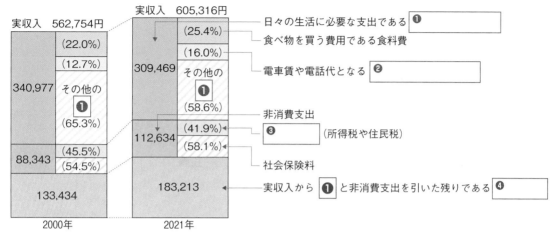

(単位：円. （ ）は各項目内の割合，2人以上の勤労者世帯)

(2022/23年版「日本国勢図会」ほか)

● 経済の循環

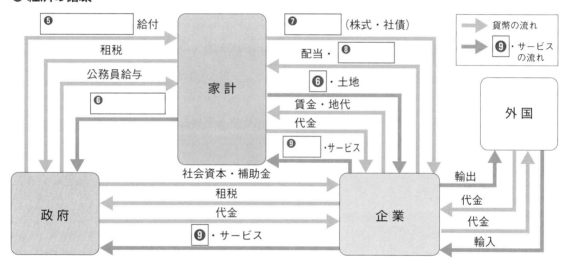

⊗ 正誤問題でチェック

内容の合っているものには〇，誤っているものには×をつけよう。

① 家計は，賃金，利子，配当などの所得を得て，その所得から家族の暮らしを維持・向上さ　[　　]
せるために消費支出を行っている。

② 家計の消費支出に占める食料費の割合は歴史的に低下してきており，最近では，住居費の　[　　]
割合が最も高くなってきている。

③ 土地や株式などの価格が上昇すると，家計の消費支出は増加する傾向がある。　[　　]

④ 食料や衣料などの消費財への支出は消費支出であるが，レジャーや教育などへの支出は消　[　　]
費支出ではない。

19 生産のしくみと企業

⚠ 重要語句で整理

1 企業の形態 出る

① **企業の活動** 財やサービスを生産。一定期間の売上高から費用を差し引いた残りが[❶　　　　　]となる。費用の内訳には，原材料費，人件費，利子支払い，設備の更新のための[❷　　　　　]※1などがある。

② **設備の更新** 企業の成長のために新しい生産機械を導入したりすることは[❸　　　投資]※2，新技術を開発することは[❹　　　投資]。

③ **企業の種類**※3 複数の個人が共同出資した企業を[❺　　　　　]といい，株式会社，合名会社，合資会社，合同会社などがある。

④ **株式会社** 最も多い企業の形態。出資者である[❻　　　　　]は，利潤のなかから[❼　　　　　]を分配される。

⑤ **資金の調達法** 利潤を[❼　　]せずに資金を蓄積する[❽　　　　　]や，社債や株式の発行で資金を調達。[❽]や株式発行による資金を自己資本，社債発行や金融機関からの借し入れで調達した資本を他人資本という。※4

⑥ **株主の責任** 倒産した場合，出資者は出資額を限度として会社の負債を負う([❾　　　　　]※5)。

⑦ **所有と経営の分離** 株式会社では，株主に代わり経営者が実権を握る。※6 最高意思決定機関の株主総会が，経営者を任命する。

2 現代の企業

① **企業の構造転換** 子会社設立による事業分離，多角化，人員整理などによる事業の再構築が増加。※7 情報処理を専門会社に外注すること(アウトソーシング)や，他企業を合併・買収する[❿　　　　　]も活発。

② **企業規模の拡大** 財閥に代表されるコングロマリットとよばれる複合企業は，戦後，独占禁止法で解体されたが，[⓫　　　制度]※8が解禁され(1997年)，組織を再編する企業が急増した。

③ **企業の社会的責任(CSR)** キャピタルゲインの実現などの株主価値の※9 最大化が求められるため，法令遵守([⓬　　　　　]），環境保護を重視する企業が増えている。※10

④ **企業の統治機構** 企業情報の開示([⓭　　　　　]），ダイバーシティ(多様性)の推進などで，コーポレート・ガバナンスを強化。※11

> **Point**
> ▶企業の形態…法人企業の多くが株式会社
> ▶現代の企業…M&A，持株会社制度の解禁，企業統治の強化

※1 固定資産の取得にかかった支出を，その使用期間にわたって割り振った費用。
※2 この増減は景気動向を敏感に反映するため，重要な経済指標となっている。
※3 2006年に施行された会社法で，有限会社の新設不可，合同会社の創設，株式会社における資本金の最低金額の撤廃などが定められた。

※4 会社の一種の借金。有価証券の発行によって資金を調達する。

※5 一方，出資者が自らの財産をあててでも，会社の負債を負わなければならない制度を，無限責任という。
※6 CEO(最高経営責任者)が経営の最終的な責任を負い，その下でCOO(最高執行責任者)とCFO(最高財務責任者)が実務を分担する。
※7 リストラクチャリング(リストラ)のこと。リストラは「人員整理」の意味で使われることが多い。

※8 株式を保有することで他の企業を支配することを目的とする会社。

※9 株価など資産価値の値上がりによって得られる利益。

※10 国際標準化機構(ISO)の認証を受けることにより，社外へ環境意識の高さを印象づけることができる。
※11 企業統治。企業が不祥事をおこさないように監視すること。

図表で整理

会社の種類

会社		出資者	経営者	特徴
株式会社	公開会社	有限責任の株主	取締役 （3人以上）	❶ 施行以前の株式会社制度に近い会社。多額の資本を必要とする企業に適する。
	株式譲渡制限会社		取締役 （1人以上）	❶ 施行以前の有限会社のしくみを取り入れた会社。中小規模の会社が多い。
❷		❸ 責任社員	❸ 責任社員	親類や知人により構成される小規模な会社が多い。
❹		❸ 責任社員と有限責任社員	❸ 責任社員	小規模な会社が多い。
❺		有限責任社員	有限責任社員	ベンチャー企業の設立に適している。

株式会社のしくみ

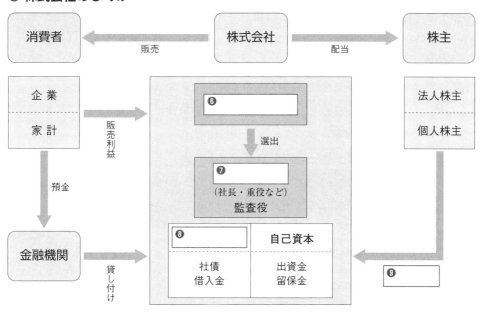

正誤問題でチェック

内容の合っているものには○，誤っているものには×をつけよう。

① その会社の株式を保有していない者が，取締役に選ばれることがある。 [　]

② 合同会社の出資者は，会社の債権者に対して出資額を限度とする責任を負担する。 [　]

③ 株式発行によって調達された資金は，他人資本である。 [　]

④ 株式会社の日常の経営の決定を行う取締役会は，経営に対し，無限責任を負う。 [　]

⑤ 持株会社は他の会社の株式を所有するが，経営には関与しない。 [　]

⑥ 企業統治（コーポレート・ガバナンス）とは，企業が，自らの市場支配力を強めることを通 [　]
　 じて，プライス・リーダーになることをいう。

[解答] 別冊p.12

⚠️ 重要語句で整理

1 市場メカニズム 出る

① **計画経済** 財・サービスの価格は、原則として国家が決める。

② **市場経済** 市場では、消費者が購入したいと考える [❶　　　　　] と、生産者が生産したいと考える [❷　　　　　] を一致させ、財・サービスの価格と取り引きされる数量が決定される。このしくみが市場メカニズム。

③ **価格の変化** [❶] が [❷] を上回るとき(超過需要)は価格が上昇、[❷] が [❶] を上回るとき(超過供給)は価格が下落する。価格が上下して、[❶] と [❷] を自然に一致させる機能を [❸価格の　　　　　] といい、このときの価格を [❹　　　　　] という。

④ **財・サービスの過不足情報** 価格によって過不足情報が消費者と生産者へ伝えられ、資源の [❺　　　配分] を可能にする。

⑤ **市場の失敗(市場の限界)** 市場メカニズムがうまく機能しないこと。

⑥ **市場の失敗の分類** [❻　　　　　] の不完全性(特定の企業が巨大化して市場を支配する)、[❼　　　　　] の非対称性(生産者が十分な情報を消費者へ提供しない)、外部経済と外部不経済。

⑦ **外部経済** 対価を払わなくても、財・サービスを享受できること。[❽　　　　　] など、非排除性と非競合性をもつもの。

⑧ **外部不経済** 公害など、対価を受け取ることなく不利益をこうむること。

2 寡占化・独占化

① **規模の利益の追求** 企業は、生産量を増やすほど単価が安くなることから大規模化する。デファクト・スタンダードの独占的構築をめざす。

② **独占形態** 19世紀後半から [❾　　　　　] (企業連合)、トラスト(企業合同)、[❿　　　　　] (企業連携)が現れる。

③ **プライス・リーダー(価格先導者)** 寡占市場において価格を設定し、他企業もそれに追従して [⓫　　　価格] が形成される。

④ **価格の下方硬直性** 企業間の価格競争が弱まったとき、価格が上方にしか変化しない場合が多いこと。価格が固定する代わりに、広告・宣伝などの面における [⓬　　　競争] が重視される。

⑤ **独占の防止** [⓭　　　法] を制定し、公正取引委員会が運用する。

> **Point**
> ▶市場メカニズム…均衡価格で需要量と供給量が一致
> ▶独占形態…カルテル、トラスト、コンツェルン

※1 市場価格を均衡価格へ導くしくみ。市場メカニズムに基づいて財・サービスの価格が決定される経済を、市場経済という。

※2 アダム・スミスはこの作用を「神の見えざる手」と表現した。

※3 需要曲線と供給曲線の交点で表される。

※4 資源を最も効率的に利用して生産することで、生産者は利潤を最大にできると同時に、生産された財・サービスが必要とする消費者に行きわたり、社会全体の満足度が最大になる状態。

※5 だれであっても利用を制限されない性質。対価を払わない人であっても、排除することはできない。

※6 多くの人々が同時に利用できる性質。ある人が多く消費しても、他の人の消費がその分減ることはない。

※7 公的機関の決定によるものではなく、市場の実勢によって標準とみなされるようになった規格。録画機器のブルーレイ、パソコンの基本ソフト(OS)のウィンドウズなど。

※8 独立した企業どうしが、価格・生産量などについて協定を結ぶこと。

※9 複数の企業が融資や人材派遣を通じて結合すること。

※10 1947年制定。正式名を「私的独占の禁止及び公正取引の確保に関する法律」という。

🎛 図表で整理

● 需給曲線

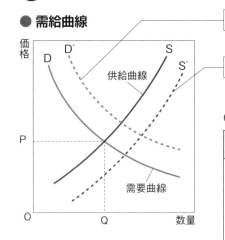

❶ [　　　　] がすべての価格帯で高まれば需要曲線は右へ移動し，価格は ❷ [　　　　] する。

❸ [　　　　] がすべての価格帯で高まれば供給曲線は右へ移動し，価格は ❹ [　　　　] する。

● 市場の失敗（市場の限界）

外部 ❺ [　　　]	外部 ❼ [　　　]
対価を支払わずとも財・サービスが享受できること。 　収益が得られないために過小供給となりがち。政府は ❻ [　　　] を出して供給を奨励する。	対価を受け取ることなく不利益をこうむること。 　政府は法的規制をかけたり，❽ [　　　] してこれを抑制する。

● 独占の形態

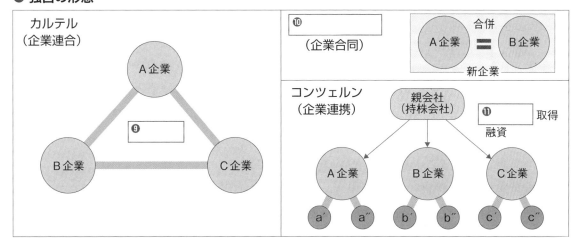

カルテル（企業連合）

A企業 / B企業 / C企業 ❾ [　　　]

❿ [　　　]（企業合同）

合併　A企業 ＝ B企業　新企業

コンツェルン（企業連携）

親会社（持株会社）

⓫ [　　　] 取得　融資

A企業　B企業　C企業

a´ a´´ b´ b´´ c´ c´´

⊗ 正誤問題でチェック

内容の合っているものには○，誤っているものには×をつけよう。

① ネットオークションにおいて，同じ品物をたくさん持つひとりの出品者が，それらを同時ではなく，個々のオークション終了ごとにひとつずつ出品した場合は，同時に出品した場合よりも完全競争的な取引が期待できる。　［　　］

② 市場占有率の高い少数の企業によって市場が構成されると，非価格競争よりは価格競争が主流となる。　［　　］

③ 完全競争市場では価格の自動調節機能（自動調整作用）に従い，財の需要量が供給量を上回る場合は価格が下落し，下回る場合は価格が上昇する。　［　　］

④ 完全競争市場と比較した場合の寡占市場の特徴としては，資源が効率的に配分されやすい点があげられる。　［　　］

⑤ 寡占市場では，企業は，品質やデザイン，広告などの面で，他企業と競争を行うこともある。　［　　］

21 国民所得と経済成長

⚠ 重要語句で整理

1 国民経済の規模

① **国の経済規模** 一定期間内で生産された量であるフローと，ある時点の蓄積された資産である[❶　　　　　]で評価される。

② **フロー** 1年間に国内で生産された付加価値を表す[❷　　　　　]
(GDP)や，国民総所得(GNI)などの指標がある。GNIから[❸　　　　　]
(減価償却費)を控除したものを国民純生産(NNP)という。NNPからさらに間接税を差し引き，補助金を加えると[❹　　　　　](NI)になる。

③ **三面等価の原則** 生産・分配・支出の三面におけるNIの額が等しいこと。

④ **国富** [❶]は国全体の国富(実物資産＋[❺　　　　　])の量で表される。実物資産のうち有形資産は，道路・水道などの[❻　　　　　]
と，民間企業が所有する私的資本に区分される。

⑤ **GDPに代わる指標** 家事労働，環境悪化などの要因を[❹]に加減したものを[❼　　　　　](NNW)という。ほかに，グリーンGDP，
[❽　　　　　](HDI)など。

⑥ **経済成長** GDPの増加率を[❾　　　　　]という。労働力人口の伸び，資本ストック，技術革新などが成長の要因となる。

2 国民生活と物価 出る

① **景気循環** 好況，後退，不況，回復の4局面。景気が急激に後退する恐慌。

② **好況時** 物価が持続的に上昇することを[❿　　　　　]という。需要が供給を上回ることによるディマンド・プル・インフレ，原材料価格や賃金の上昇によるコスト・プッシュ・インフレがある。

③ **不況時** 物価が持続的に下落することをデフレーションという。不況とデフレーションが，さらなる需要減少と物価下落をまねくという悪循環のことを[⓫　　　　　]という。

④ **スタグフレーション** 不況と[❿]が同時に進行する現象。

⑤ **物価** 諸価格の平均的な水準。消費者が小売段階で購入する財・サービスの平均価格である[⓬　　　　　]，企業間で売買される商品や原材料などの平均価格である[⓭　　　　　](卸売物価)がある。

> **Point**
> ▶国民経済の規模…フロー(GDPなど)とストック(実物資産＋対外純資産)
> ▶景気循環…好況，後退，不況，回復の4局面

※1 海外で働いている日本人が生み出した所得はふくまれない。

※2 GNPを所得面からとらえたものがGNI，支出面からとらえたものが国民総支出(GNE)で，これらは等価となる。

※3 海外に保有する債権から，海外に対する債務を差し引いたもの。

※4 ①労働人口の伸び，②資本ストックの伸び，③技術革新などが原動力となる。①と②に関しては，日本では少子高齢化と高齢者の貯蓄の切り崩しが進み，著しい伸びは期待できない。

※5 GDPデフレーターによって物価変動分を修正した実質GDPをもとに算出する。

※6 景気の谷から谷(山から山)までの期間を循環周期といい，キチンの波(約40か月の短期波動，在庫循環)，ジュグラーの波(8〜10年の中期波動，設備投資循環)，クズネッツの波(約20年の建設循環)，コンドラチェフの波(約50年の長期波動，技術革新による循環)などのとらえ方がある。

※7 石油危機のときに見られた。

※8 基準年から年数が経つにつれて，現実の消費活動が変化していくことにより，指数が実態から乖離していくという問題点を修正するため，モデル品目の改定などが随時行われている。

⊞ 図表で整理

● フローを表す指標

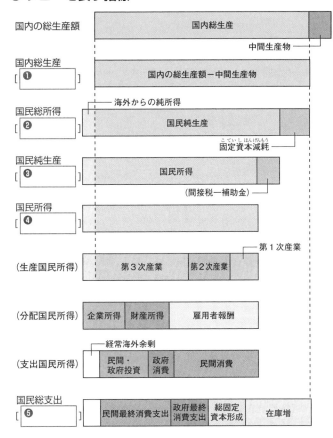

● 景気循環

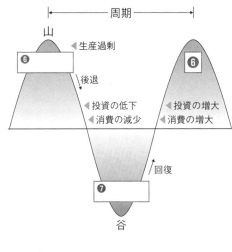

● 周期

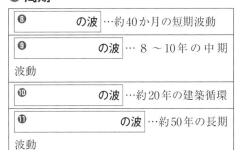

⊗ 正誤問題でチェック

内容の合っているものには○，誤っているものには×をつけよう。

① 原則として国内総生産には市場で取り引きされた財やサービスの生産のみが計上される。　［　　］

　このため，家事労働やボランティア活動などは国内総生産には計上されない。

② 国民純生産は，国内総生産に固定資本の減耗分を加え，海外からの所得移転を調整したも　［　　］

　のである。しかし一般に，経済全体での固定資本の減耗分は測定しづらい。

③ 生産面から見たGDP，分配面から見たGDP，支出面から見たGDPが事前的に一致するこ　［　　］

　とを「三面等価」という。

④ デフレーションとは，モノやサービスに対する通貨の相対的価値が下落することを意味する。　［　　］

⑤ スタグフレーションとは，景気停滞とデフレーションが同時におこっている状態である。　［　　］

⑥ 中期波動(ジュグラーの波)は，設備投資の変動によって引きおこされる。　［　　］

22 金融のしくみ

⚠️ 重要語句で整理

1 通貨制度と金融市場 出る

① **通貨制度** 1929年の世界恐慌までは，中央銀行の発行する紙幣に金との交換を義務づける [❶   制] がとられていた。恐慌後，各国は銀行券を金保有量に関係なく発行できる [❷   制度] を採用。

② **通貨の種類** 通貨は [❸   ] と預金通貨に分けられ，ともに流動性が高い。預金通貨には普通預金，当座預金などがある。

③ **金融** 貸し手が直接に資金を借り手に融通することを [❹   ]，銀行などの金融機関を介して貸し借りを行うことを [❺   ] という。借り手は貸し手に対して，利子(利息，金利)を支払う。

④ **金融市場** 金融の取引が行われる場。1年未満の短期資金が取り引きされる [❻   ] と，1年以上の長期資金が取り引きされる長期金融市場がある。株式や債券は，証券市場で取り引きされる。

⑤ **銀行の役割** 資金が余っている経済主体から預かったお金を，資金が不足している経済主体へ貸し出す金融仲介機能。預金の振り替えによって企業や個人の決済を行う [❼   機能]。預金の受け入れと貸し出しを繰り返して当初の預金の何倍もの預金をつくりだす信用創造機能。

⑥ **日本銀行** 「[❽   ]」，「政府の銀行」，「発券銀行」の役割。

⑦ **金融政策** [❾   ] (オペレーション)による無担保コールレート(政策金利)の誘導，預金準備率操作によって行われ，不況時には金融緩和，景気過熱時には金融引き締めをはかる。近年の景気後退期には，ゼロ金利政策，[❿   政策] が導入された。

2 金融をめぐる環境の変化

① **金融の自由化** 1970年代に資本の自由化を促進，1980年代には金融の自由化・国際化が進展。1990年代には [⓫日本版   ] が行われ，金融持株会社を中心とする金融再編が進んだ。

② **金融行政** バブル経済崩壊後，預金保険制度により金融機関の破綻処理が進む。2000年に設置された [⓬   庁] が国際決済銀行によるBIS規制を基準に不良債権を処理。2005年には [⓭   ] という，金融機関が破綻した場合の預金保護制度を全面解禁。

> **Point**
> ▶通貨制度…金本位制→管理通貨制度
> ▶金融政策…公開市場操作による通貨量の調節

※1 金との交換を義務づけられた紙幣を兌換紙幣，金との連動を失った紙幣を不換紙幣という。

※2 価値尺度，交換手段，支払手段，価値貯蔵手段の機能がある。

※3 短期金融市場にはコール市場や手形市場など，長期金融市場には株式市場や公社債市場などがある。

※4 2022年には，東証一部，東証二部をはじめとする5市場がプライム，スタンダード，グロースに再編された。

※5 当座預金や普通預金の要求払い預金の振り替えによって決済を行う。

※6 民間金融機関との間で預金の受け入れ，資金の貸し出しを行う。

※7 国庫金の出納，国債発行の代行などを行う。

※8 翌日物。コール市場において，金融機関どうしが担保なしの短期資金を貸し借りする取引で，返済期間が翌日までの金利。

※9 預金準備率操作による金融政策は，1991年以降は実施されていない。

※10 日本銀行が2001年から2006年まで行った超金融緩和策。2013年からは量的・質的金融緩和が，2016年にはマイナス金利政策が導入された。

※11 銀行の健全性の基準として示した，自己資本比率(自己資本の総資産に対する比率)に関する国際ルール。

🏦 図表で整理

● 金融の循環

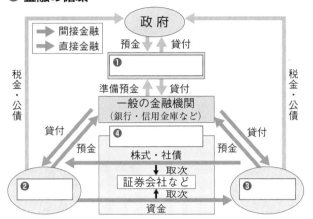

● 通貨量のとらえ方

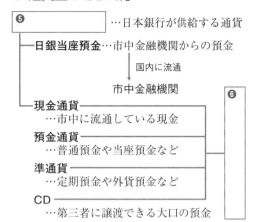

● 日本の金融政策

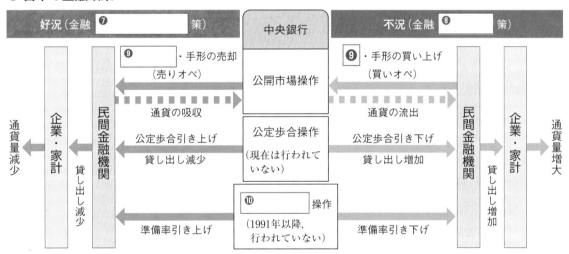

⊗ 正誤問題でチェック

内容の合っているものには○，誤っているものには×をつけよう。

① 管理通貨制度の下(もと)では，中央銀行は金の保有量と一定の比例関係を保ちつつ，兌換銀行券 ［　　］
を発行できる。

② 企業が社債を発行することにより，金融市場で資金調達を行うことは，間接金融の方式に ［　　］
当たる。

③ 中央銀行は，インフレが進んでいるときに預金準備率を引き下げる。 ［　　］

④ 中央銀行は，不況期に市中銀行から国債を買い入れる。 ［　　］

⑤ バブル経済の崩壊後，自己資本比率に対するBIS規制を遵守(じゅんしゅ)するため，金融機関は中小企 ［　　］
業に対する貸し渋りを自粛していった。

⑥ 日本のペイオフ制度では，金融機関が破綻した場合に，預金保険制度によって，預金の元 ［　　］
本のみが全額払い戻される。

23 財政のしくみ

⚠ 重要語句で整理

1 財政の役割 出る

① **財政制度** 予算に対して国民の意思を反映させる，財政民主主義に基づく。

② **国の予算** 一会計年度における収入(歳入)と支出(歳出)を総合的に管理する [❶   ] と，特定の収入を財源として一定の事業を行う [❷   ] に分けられる。

③ **国会の働き** 本予算の編成と並行して，財政投融資計画を策定。本予算の成立が遅れる場合は暫定予算を，追加で必要な場合は補正予算を組む。

④ **財政の役割** 公共財(社会資本や社会保障など)を供給する役割がある([❸   の調整])。また，所得税の累進課税制度や相続税，社会保障を利用して所得・資産の公平をはかる([❹   ])。政府の裁量的財政政策(フィスカル・ポリシー)や自動安定化装置(ビルト・イン・スタビライザー)を利用した [❺   の安定化]。

⑤ **租税制度** 課税は法律に沿って行われる [❻   主義] を基本とする。所得税・法人税など，納税者と担税者が同じ税を [❼   ] といい，消費税など，納税者と担税者が異なる税を間接税という。

⑥ **税負担の公平性** 累進課税などによる [❽   公平] と，所得水準ごとに等しい税負担をはかる [❾   公平] がある。所得税に累進性がある一方で，消費税には [❿   性]。受益の大きさに応じた [⓫   負担]，租税の支払い能力に応じた応能負担。

2 財政の課題

① **財源の不足** 1975年度から，特別立法で [⓬   国債] が発行されるようになった。国債依存度は高まり，基礎的財政収支(プライマリー・バランス)も大幅な赤字となり，財政の [⓭   化] が進む。

② **歳出の増大** [⓮   化] の影響で社会保障給付が肥大化してきている。日本の国民負担率は，先進国のなかでも低い水準であるため，社会保険の国民負担は増えていく可能性が高い。対策として「社会保障と税の一体改革」で消費税率を引き上げ。

③ **国と地方の関係** 納税先によって，国税と地方税に分けられる。財政の分権化を進めるため，補助金の削減などの [⓯   の改革]。

※1 その資金は財投機関債や財投債の発行で調達する。

※2 課税対象額が高くなるにつれ，税率を引き上げる制度。

※3 景気安定化のために行われる，公共事業の増加・削減，減税・増税などの政策。

※4 累進課税制度には景気の過熱をおさえる働き，社会保障支出には景気を下支えする働きがある。

※5 日本では1949年のシャウプ勧告により，直接税中心の税制が実施された。

※6 実際の税負担者。

※7 源泉徴収される会社員は納税もれがほとんどなく，自ら確定申告をする自営業者に比べて所得の捕捉率が高い。

※8 都市計画税，入湯税などがこれにあたる。

※9 国債発行を除く税収などの歳入と，国債の元利払いを除いた歳出の差。

※10 国民所得に対する租税および社会保障負担の割合。

> **Point**
> ▶財政の役割…資源配分の調整，所得の再分配，景気の安定化
> ▶財政の課題…国債依存度の上昇，社会保障給付の増大

⊞ 図表で整理

● 日本の一般会計の変化

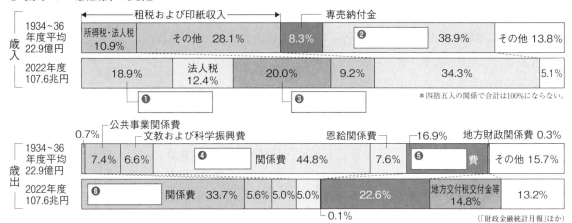

（「財政金融統計月報」ほか）

● 裁量的財政政策（フィスカル・ポリシー）

景気過熱時	政策	不況時
❼	税　率	❽
❾	歳　出	❿

● おもな租税

		直接税	⓫
⓬		⓭　…個人の所得に課税 法人税…企業の所得に課税 相続税，贈与税　ほか	⓮　…財・サービスの取引に課税 酒税，関税，たばこ税　ほか
⓯	（都）道府県税	（都）道府県民税 事業税，自動車税　ほか	地方消費税，（都）道府県たばこ税 不動産取得税，ゴルフ場利用税　ほか
	市（区）町村税	市（区）町村民税 固定資産税　ほか	市（区）町村たばこ税 入湯税　ほか

⊗ 正誤問題でチェック

内容の合っているものには〇，誤っているものには×をつけよう。

① 所得税の最高税率を引き下げると，所得再分配機能が強まる。　　　　　　　　　　[　　]

② 相続税の最高税率を引き下げると，資産の不平等が縮小する。　　　　　　　　　　[　　]

③ 累進課税制度は応能負担の原則に基づいている。　　　　　　　　　　　　　　　　[　　]

④ 日本では，1949年のシャウプ勧告に沿った税制改革が行われた。　　　　　　　　　[　　]

⑤ 水平的公平とは，所得の多い人がより多くの税を負担することである。　　　　　　[　　]

⑥ 財政法第４条の但書において，国会の議決を経た金額の範囲内で，公共事業費等にあてる[　　]
　　ための公債を発行することが認められており，この公債は財投債とよばれる。

⑦ 国債収入の方が国債費よりも多ければ，基礎的財政収支は黒字になる。　　　　　　[　　]

1 〈経済主体と経済循環，生産のしくみと企業〉

次の文を読み，あとの問いに答えなさい。　〔(3)各2点，他各3点　計29点〕

　国民経済は，家計・企業・政府という3つの①□□□から構成され，それぞれが独自の目的をもって経済活動を営んでいる。家計は，生産要素を提供し，所得を受け取る。そのなかから企業の生産した財やサービスを購入して，家族を維持（いじ）するための a消費支出 を行うとともに，将来の生活に備えて②□□□をしている。その②□□□は，金融機関や株式市場などを通し企業への③□□□に使われる。b企業 は，家計から生産要素の提供を受けて，それらを原材料や設備などと結合して財やサービスを生産し，また，より多くの④□□□を獲得（かくとく）するために，新技術を導入し，企業経営の改善に努めている。政府は，家計や企業から⑤□□□を徴収（ちょうしゅう）し，それをもとに⑥□□□を提供したり，一国の経済活動が円滑に循環（じゅんかん）するように調整したりしている。

(1) ①～⑥にあてはまる語句を，ア～ケから1つずつ選びなさい。

　ア　投資　　イ　消費　　ウ　三位一体（さんみいったい）　　エ　公共財　　オ　利潤（りじゅん）
　カ　貯蓄　　キ　経済主体　　ク　租税（そぜい）　　ケ　利子

(2) 下線部aについて，エンゲル係数の算出のために用いられる支出は何か。

(3) 下線部bに関連して，次のA～Dが示す語句をあとの〔　〕から1つずつ選びなさい。

　A　情報処理を専門会社に外注する。
　B　企業が法令を遵守（じゅんしゅ）する。
　C　企業が利害関係者に対して説明責任を果たす。
　D　株主が出資額を限度として負債を負う。

　〔コングロマリット　　有限責任　　アウトソーシング　　M&A
　　コンプライアンス　　アカウンタビリティ　　無限責任〕

2 〈市場経済の機能と限界，国民所得と経済成長〉

次の文を読み，あとの問いに答えなさい。　〔各3点　計27点〕

　自由主義国家において，a市場メカニズムによる価格の調整と需給（じゅきゅう）量の調整 は，アダム・スミスによって「①□□□」という表現で形容された。右下がりの需要曲線，右上がりの供給曲線（きょうきゅう）は，さまざまな社会の変化を反映して移動する。しかし，市場の不完全さが強くなると，b市場の失敗 とよばれる状態が生じる。

　国民経済全体の大きさは②□□□と③□□□の視点から表すことができる。②□□□とは，ある一時点で企業の生産設備や金融資産などが一国全体でどれだけ蓄積されているかを示したものである。③□□□とはある一定期間に行われた経済活動の成果を示したものである。その代表格が④□□□であり，ある一定期間に国内の生産活動により生み出された付加価値の合計を示す。これに外国からの純所得を加え，⑤□□□を差し引いたものが国民純生産である。そして，国民純生産から⑥□□□を引き，補助金を加えたものが c国民所得 である。

1

(1) ①_____
　　②_____
　　③_____
　　④_____
　　⑤_____
　　⑥_____

(2) _____

(3) A_____
　　B_____
　　C_____
　　D_____

❓ヒント

(1)③銀行などの金融機関は，預金者から集めた預金を有価証券などで運用する。
⑤家計からは所得税など，企業からは法人税などを徴収する。

2

(1) ①_____
　　②_____
　　③_____
　　④_____
　　⑤_____
　　⑥_____

(2) _____

(3) _____

(4) _____

(1) ①～⑥にあてはまる語句を，**ア**～**コ**から1つずつ選びなさい。

ア 外部経済　　**イ** GDP　　**ウ** スタグフレーション　　**エ** 間接税
オ 固定資本減耗（こていしほんげんもう）　**カ** 直接税　**キ** フロー　**ク** GNI
ケ ストック　　**コ** 見えざる手

(2) 下線部**a**について，右上がりの曲線を右方移動させる社会変化として，適切ではないものを，**ア**～**エ**から1つ選びなさい。

ア 原材料値上がり　　**イ** 企業にかけられる税金の減税
ウ 賃金の削減　　**エ** 技術革新による生産性向上

(3) 下線部**b**のうち，カルテル，トラスト，コンツェルンが出現し，市場の価格調整がうまく機能しないケースを何とよぶか。

(4) 下線部**c**について，生産国民所得，分配国民所得，支出国民所得が等しくなる原則のことを何というか。

---

3 〈金融のしくみ，財政のしくみ〉
次の文を読み，あとの問いに答えなさい。　〔(2)5点，他各3点　計44点〕

通貨制度としては，1929年の世界恐慌（きょうこう）までは一国が発行できる通貨量の基準が金の保有量に規定される①□□制が世界の主要な国々でとられていたが，現在は ₐ管理通貨制度が採用されている。資金を融通（ゆうずう）しあう行為を金融といい，このうち，企業が株式や社債の発行により資金をまかなうことを②□□，銀行からの融資を通じて資金をまかなうことを③□□という。金融機関を除く民間の経済部門が保有する通貨量のことを④□□という。各国の中央銀行は， ♭金融政策を行うことで通貨量を調節している。一方で，政府の財政には， ⑤□□配分の調整， ｃ所得の再分配， ｄ景気（経済）の安定化という3つの機能がある。日本では1949年の⑥□□によって直接税中心の税制がしかれたが，1989年に⑦□□が導入され，租税総額に占める直接税の比率は，最近では⑧□□％ほどで推移している。日本の税負担は先進国のなかではそれほど高くはないとされているが， ｅ社会保障などで国民に還元される部分も少ない。⑨□□が進み，産業構造が変化していくなかで，税制の見直しは避けられない。

(1) ①～⑨にあてはまる語句・数字を，**ア**～**ケ**から1つずつ選びなさい。

ア 資源　　**イ** 高齢化　　**ウ** シャウプ（かんこく）勧告　　**エ** マネーストック
オ 間接金融　**カ** 消費税　**キ** 60　**ク** 金本位　**ケ** 直接金融

(2) 下線部**a**とはどのような制度か，簡単に説明しなさい。

(3) 下線部**b**について，日本銀行が2013年初めから明確な方針として掲げた政策を，**ア**～**ウ**から1つ選びなさい。

ア 量的緩和（かんわ）政策　　**イ** 量的・質的緩和政策　　**ウ** ゼロ金利政策

(4) 下線部**c**のうち，所得税に取り入れられている，所得水準が高くなるにつれて税率を引き上げる制度を何というか。

(5) 下線部**d**のうち，不況時に政府が行う裁量的財政政策（フィスカルポリシー）としてあてはまるものを，**ア**～**エ**から1つ選びなさい。

ア 増税を行う。　　**イ** 国債・手形を売る。
ウ 減税を行う。　　**エ** 国債・手形を買う。

(6) 下線部**e**について，2022年度一般会計予算における社会保障関係費の割合を，**ア**～**エ**から1つ選びなさい。

ア 約6%　　**イ** 約18%　　**ウ** 約24%　　**エ** 約34%

❓ヒント

(1)①個々人による利益の追求が，社会全体の利益につながるという考え。

(3)市場の失敗には競争の不完全性，情報の非対称性，外部経済・外部不経済などがあげられる。

3

(1)①＿＿＿
　　②＿＿＿
　　③＿＿＿
　　④＿＿＿
　　⑤＿＿＿
　　⑥＿＿＿
　　⑦＿＿＿
　　⑧＿＿＿
　　⑨＿＿＿

(2)＿＿＿
　　＿＿＿
　　＿＿＿
　　＿＿＿

(3)＿＿＿

(4)＿＿＿

(5)＿＿＿

(6)＿＿＿

❓ヒント

(1)①世界全体の経済成長のスピードに，金保有量が追いつかなくなったことが，この制度が放棄（ほうき）された理由である。
　⑤道路・港湾などの生産基盤関連の社会資本，住宅・上下水道などの生活基盤関連の社会資本は，財政支出によって提供することが必要とされる。

(6)社会保障関係費のなかでも，社会保険費と社会福祉費の占める割合が高い。

7 章 日本経済のあゆみ

24 経済復興から高度成長へ

[解答] 別冊 p.14

⚠ 重要語句で整理

1 戦前・戦後の経済

① **戦前の日本経済** 産業革命が進むなかで，設立された官営工場を払い下げられた政商が，のちに[❶　　　　　]として全産業分野を支配するようになる。

② **戦後の民主化** 第二次世界大戦の敗戦後，連合国軍総司令部(GHQ)による民主化が進められる。持株会社整理委員会の指示に基づき，[❶]を解体。[❷　　　　　](私的独占の禁止及び公正取引の確保に関する法律)を制定。地主から農地を買い取り，小作人に安く売り渡す[❸　　　　　]を実施し，寄生地主制度を解体。労働三権を保障し，労働三法を制定した。

③ **経済の復興** 基幹産業へ資源を重点的に投じる[❹　　　　方式]をとり，[❺　　　　　](復金)の設立や債券発行により資金を供給。通貨量の急増による「復金インフレ」を引き起こす。GHQは，1948年に経済安定9原則を指令し，[❻　　　　　]の実施により賃金・物価を統制。すると一転してデフレーションとなり，安定恐慌に陥る。[❼　　　　　勧告]により，所得税の累進課税などを導入。

2 戦後不況からの脱却 出る

① **朝鮮戦争の勃発** 1950年に朝鮮戦争が始まると，アメリカ軍の武器調達による[❽　　　　　]が発生し，鉱工業生産が戦前の水準を回復する。

② **急速な経済成長** 1950年代半ばからは[❾　　　　　]とよばれるめざましい成長をとげ，神武景気，岩戸景気，オリンピック景気，いざなぎ景気を経て，資本主義国第二の経済大国となる。1960年には，池田内閣が「[❿　　　　計画]」を発表。

③ **国際経済への復帰** 1963年にGATT11条国，1964年にはIMF8条国へ移行し，同年，[⓫　　　　　](経済協力開発機構)に加盟する。

④ **経済成長の要因** 重化学工業では，「[⓬　　　　の利益]」，「集積の利益」が追求される。輸出主導の経済成長が進み，貿易摩擦をもたらした。

◉1　明治時代の地租改正により成立した，農民が地主から耕作地を借り，小作人として零細農業を強いられる制度。

◉2　石炭，鉄鋼，肥料など。

◉3　復興のために発行された債券は，その大半を日本銀行が引き受けた。

◉4　アメリカの軍事予算から支出されたガリオア(占領地域救済資金)，エロア(占領地域経済復興資金)も，復興資金にあてられた。

◉5　①総予算の均衡
②徴税強化
③信用膨張制限
④賃金安定
⑤物価統制強化
⑥貿易統制改善と外為統制強化
⑦輸出増加のため資材割当改善
⑧重要国産品増産
⑨食料集荷改善

◉6　GHQの経済顧問ジョゼフ・ドッジによる，補助金の削減，復金債発行の禁止と新規貸出の全面停止，課税強化による超均衡予算の実現，1ドル＝360円の単一為替レートの設定などの政策。

◉7　国際収支の悪化を理由に輸入の数量制限ができない国。

◉8　国際収支の悪化を理由に為替制限ができない国。

◉9　一定地域内で集中的に生産することで，経費を節減できる。

> **Point**
> ▶戦前・戦後の経済…財閥解体，農地改革，労働の民主化
> ▶戦後不況からの脱却…特需，国民所得倍増計画

🏢 図表で整理

● 経済の民主化

政策	内容
財閥解体	財閥の一族で構成する ❶_____ を解散させ，支配下企業の分離・独立をはかる。
農地改革	地主所有の土地を小作人に解放し，❷_____ を育てる。
労働の民主化	労働基準法・❸_____ ・労働関係調整法（＝労働三法）を制定。 団結権・団体交渉権・団体行動権（争議権）（＝労働三権）を制定。

● ドッジ・ライン

政策	内容
❹_____ の削減	アメリカや日本政府からの援助を切り捨て，自立・安定の道を歩む。
❺_____ 強化による超均衡予算の実現	税収の確保と歳出の削減。
復金債発行の禁止と新規貸出の全面停止	❻_____ 量の膨張を食い止める。
1ドル＝360円の単一為替レートの設定	海外市場と連携した開放経済体制に切りかえる。

● GDPと実質GDP成長率

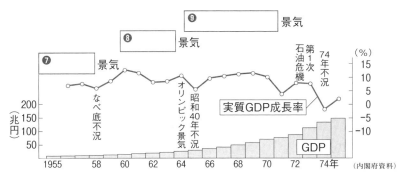

❼_____ 景気 ❽_____ 景気 ❾_____ 景気

（内閣府資料）

⊗ 正誤問題でチェック

内容の合っているものには〇，誤っているものには×をつけよう。

① GHQ（連合国軍総司令部）の指令の下，財閥を解体した。 [ ]

② ドッジ・ラインでは，1ドル＝308円の単一為替レートを設定して，貿易振興をはかった。 [ ]

③ 赤字国債の積極的発行により，日本経済はドッジ・ラインによる安定恐慌を脱した。 [ ]

④ 神武景気や岩戸景気の後に生じた不況は，好況時に悪化した国際収支を改善するための金 [ ]
融引き締め政策が一因となってもたらされた。

⑤ 長期で大型のいざなぎ景気は，日本列島改造論に基づく大規模な公共投資が一因となって [ ]
もたらされた。

⑥ 高度経済成長期における活発な設備投資を背景に，国内製造業の中心は，重化学工業から [ ]
軽工業へと変化した。

25 オイル・ショック後の日本経済

[解答] 別冊p.15

⚠ 重要語句で整理

1 高度経済成長の終わり 出る

① **世界経済の変動** 1971年，アメリカがドルと金の交換を停止し，ドルが暴落する。これを[❶　　　　　　※1]とよぶ。

② **日本経済の動向** 1973年，日本も変動相場制に移行し，円高が進んで輸出産業が打撃を受ける。同年，第4次中東戦争を機に[❷　　　　※3]（石油輸出国機構）が原油価格を引き上げ，先進国の経済がスタグフレーションに陥る。これを第1次[❸　　　　　　]（オイル・ショック）とよぶ。

③ **高度経済成長の終わり** 経済成長率はマイナスへ転じ，企業は人員整理などの[❹　　　　経営]を進め，省エネと省資源に取り組んだ。産業構造も資本集約型産業から高付加価値の[❺　　　　　　　　産業]へ転換。

④ **景気の回復** [❻　　　成長]の時代となり，輸出は好調となるが，その一方でアメリカなどとの間で[❼　　　　　　]が深刻になる。

2 産業構造の転換

① **経済政策の転換** 1980年代には[❼]の深刻化を背景に，外需主導型から[❽　　　経済]への転換をはかる。

② **産業構造の転換** [❾　　　　産業]の比重が急速に高まり，[❿産業構造の　　化]が進む。こうした経済成長にともなう産業の比重の変化を[⓫　　　　　　　　の法則]という。[❾]はサービスの生産が主体であることから，この変化は[⓬経済の　　　　　]とよばれた。また，モノよりソフトの価値が高まる[⓭経済の　　　　]も同時に進行する。この変化は[❾]だけでなく，第二次産業における加工組立型産業においても見られた。

③ **日米経済摩擦** 貿易不均衡を是正するため，通商法301条の改正法であるスーパー301条が成立。[⓮　　　協議]が開かれ，アメリカは日本の内需拡大を求めた。[⓮]は日米包括経済協議へと引き継がれた。

④ **財政再建** 1980年代後半，日本は新自由主義に基づく「小さな政府」づくりを進め，国鉄，電信電話，専売の3公社の民営化，規制緩和などを実施した。

> **Point**
> ▶高度経済成長の終わり…石油危機により安定成長へ
> ▶産業構造の転換…産業構造の高度化，経済のソフト化・サービス化

※1 巨額の財政赤字でドルが海外へ流出したため，アメリカは大量のドル紙幣を発行した。この結果，金との交換を継続することが困難となった。
※2 通貨の交換比率を固定せず，金融市場における需要と供給に応じて変動させる制度。
※3 産油国の利益を守り，石油を安定的に供給することを目的として，1960年に，イラン，イラク，クウェート，サウジアラビア，ベネズエラを原加盟国として発足した。
※4 省資源型の分野には，マイクロ・エレクトロニクス，バイオテクノロジーなどがある。
※5 収益性が高く，他の企業の製品にはない創造性があること。

※6 日銀総裁だった前川氏を中心とする経済構造調整研究会が，1986年に中曽根首相に提出した「前川レポート」において主張された。

※7 日本が不公正な貿易を行った場合は，アメリカが報復措置をとることとした。

🈸 図表で整理

● 日本の産業別就業人口の推移

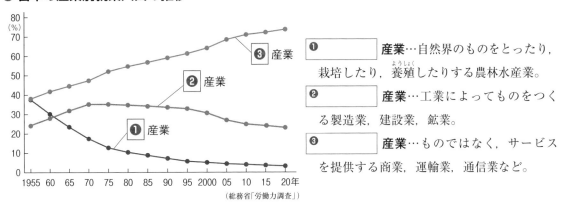

(総務省「労働力調査」)

❶ ☐ 産業…自然界のものをとったり，栽培したり，養殖したりする農林水産業。

❷ ☐ 産業…工業によってものをつくる製造業，建設業，鉱業。

❸ ☐ 産業…ものではなく，サービスを提供する商業，運輸業，通信業など。

● 日米経済摩擦

年	できごと
1955	安い日本製綿製品がアメリカで売られたことで，日米貿易 ❹ ☐ が始まる
1969	対米 ❺ ☐ 輸出を自主規制
1977	対米 ❻ ☐ 輸出を自主規制
1981	対米 ❼ ☐ 輸出を自主規制
1986	日米 ❽ ☐ 協定を結ぶ
1987	対米工作機械輸出を自主規制
1988	日米牛肉・オレンジ自由化協定を結ぶ。アメリカで包括通商・競争力強化法が制定される
1989	スーパー ❾ ☐ 条で，スーパーコンピュータ，衛星，木材が指定される
1990	日米構造協議の合同報告
1993	日米 ❿ ☐ 経済協議を開始
2001	日米で年次改革要望書の交換を開始
2019	日米貿易協定に合意

⊗ 正誤問題でチェック

内容の合っているものには○，誤っているものには×をつけよう。

① 第2次石油危機の影響で，日本経済は1979年にマイナス成長に陥った。 [　　]

② 二度の石油危機を契機に，省資源・省エネルギー型の加工組立型産業が発展した。 [　　]

③ ペティ・クラークの法則によれば，経済が発展すると，第一次産業の比重が低下する。 [　　]

④ 日米構造協議では，日本経済の制度，慣行，規制が議論の対象とされた。 [　　]

⑤ 日米包括経済協議では，日本によるコメの輸入開始が合意された。 [　　]

⑥ 日米包括経済協議において，自動車分野の決着で個別分野の交渉は終了したが，規制緩和 [　　]
や競争政策などについては交渉がまとまらず，日米間での継続協議となった。

⚠ 重要語句で整理

1 バブル経済 　出る

① **円高の進行**　1985年，ドル高是正のため[**❶**　　　　　　　　　※1]がなされ，日本では急速な円高が進んだ。その影響を回避するため，企業が海外に工場を移すなど，産業の空洞化が懸念されるようになる。輸出不振による[**❷**　**不況**]と，内需拡大に対応するための超低金利政策によって余剰資金が生まれ，株式や土地の投資へ向かう。

② **景気の好転**　ルーブル合意によって為替相場が安定すると，1987年から景気が好転し，[**❸**　　　　　　](バブル景気)が始まる。

③ **バブルの崩壊**　株価と地価が高騰し，[**❹**　**効果**※2]を通じて贅沢品が売れる。しかし，金融引き締めと不動産融資への総量規制※3が実施されると，1991年から株価と地価が暴落した。

④ **長期にわたる不況**　バブル崩壊に始まる深刻な不況を[**❺**　**不況**]という。財テク※4に走っていた企業や個人には多額の債務が発生し，金融機関は巨額の[**❻**　　※5]を抱えた。

⑤ **「失われた10年」**※6　1990年代，銀行の「貸し渋り」，「貸しはがし」※7で中小企業が倒産。企業は経営の再構築([**❼**　　　　　　　　　　])の名目で人員を削減。雇用が減り，失業率が上昇する。

2 日本経済の再生

① **小泉内閣の改革**　2001年に成立した小泉政権は，市場原理を重視した新自由主義的な[**❽**　**改革**]を進めた。[**❽**]は，自由化，規制緩和，民営化を掲げ，[**❾**　**民営化**※8]，[**❿**　**改革**]，道路関係4公団の民営化，財政投融資改革，地方分権を進める「三位一体の改革」を断行。全国各地に[**❽**]特区が設けられ，実験的な事業が展開した。

② **金融自由化の影響**　アメリカのサブプライムローン問題を発端に，2008年に[**⓫**　**危機**]が発生。日本に対する影響は大きく，経済成長率はマイナスを記録する。

③ **災害の影響**　2011年3月に発生した[**⓬**　　　　　　]と福島第一原子力発電所事故の影響により，貿易収支は赤字に転落。2020年からは[**⓭**　**感染症**]が拡大し，世界的に経済が停滞。

Point
▶オイル・ショック後の日本経済…円高不況→平成(バブル)景気→平成不況
▶日本経済の現状…構造改革→世界金融危機→東日本大震災→コロナ禍

※1 保護主義の台頭を懸念したG5(先進5か国財務相・中央銀行総裁会議)が，為替相場へ協調介入を実施することに合意した。

※2 保有する株式や土地の価格が上昇することで，消費行動や投資が活発化すること。

※3 不動産向けの融資の増勢を総貸出しの増勢以下に抑制するよう，大蔵省による行政指導が行われた。この結果，不動産や建設の取引が縮小し，地価の暴落をまねいたといわれる。

※4 低金利の下で調達された資金を，株式や土地の購入にあてること。

※5 銀行が行った融資のうち，回収の見込みがなくなったもの。

※6 1990年代後半の消費税増税(3%から5%へ)やアジア通貨危機も，不況からの立ち直りを妨げた。

※7 貸し渋りは銀行が企業への貸し出しを抑制すること。貸しはがしは銀行が貸し付けていた資金を，企業から強引に回収すること。

※8 郵政3事業(郵便・郵便貯金・簡易保険)は分社化・民営化され，日本郵便株式会社・株式会社ゆうちょ銀行・株式会社かんぽ生命保険などからなる日本郵政グループの持株会社(日本郵政株式会社)へと移行した。

※9 国の政策のために設立された公団，公庫などの特殊法人のうち，非効率なものが廃止，独立行政法人化，民営化された。

⊞ 図表で整理

● GDPと実質GDP成長率

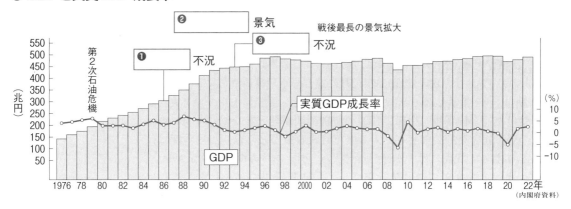

（内閣府資料）

● バブル崩壊と日本経済

年	できごと
1989	日経平均株価が史上最高値をつける
1991	日本銀行が ❹ _____ の引き下げに転じる
1994	5年ぶりに赤字国債が発行される
1997	❺ _____ の税率が3％から5％に引き上げられる。アジア通貨危機がおこる
1998	❻ _____ 関連法が成立する。日本長期信用銀行が一時国有化される
1999	日本銀行がゼロ金利政策を決定する
2001	日本銀行が ❼ _____ 政策を決定する。小泉純一郎内閣が発足する
2002〜	2008年まで「実感なき景気回復」が続く
2008	❽ _____ 危機が発生する
2012	第2次安倍晋三内閣が発足し，❾ _____ からの脱却をめざす

⊗ 正誤問題でチェック

内容の合っているものには〇，誤っているものには×をつけよう。

① プラザ合意後の円高不況と貿易摩擦のなかで，国内製造業においては，労働力をより多く　[　　]
　用いる労働集約的な生産方法への転換が進んだ。

② 1980年代後半のバブル期には，経済成長を持続させるため，大幅な財政支出の拡大を継続　[　　]
　した。

③ 1990年8月に6.0％であった公定歩合は，1995年9月0.5％に至るまで，段階的に一貫して　[　　]
　引き下げられた。

④ 日本の金融機関では，バブル崩壊後，経営再建のために護送船団方式が採用された。　　　[　　]

⑤ 1990年代後半には，消費者物価の下落が始まり，実質所得が増加したことから，消費が増　[　　]
　加した。

1 〈経済復興から高度成長へ〉

次の文を読み，あとの問いに答えなさい。　〔(1)各3点，他各4点　計33点〕

　a第二次世界大戦直後の日本経済は，物資・食料の不足から激しい①□□□□に見舞われた。アメリカ政府は，1948年12月に連合国軍最高司令官マッカーサーに対し②□□□□を指示した。そして，その具体化を，翌年にトルーマン大統領の意を受けた連合国軍総司令部(GHQ)の特別顧問が発表した③□□□□に委ねた。この際，総需要抑制策ともいえる緊縮財政政策がとられ，1949年度にはそれまでの財政の，民間に対する資金の支払いと引きあげの関係を逆転させた。さらに，復興金融金庫の債券発行を禁止し，新規貸出を停止した。これは④□□□□供給の面から①□□□□を抑えようとする試みであった。加えて，1949年4月に1ドル＝⑤□□□□円の単一為替レートを設定する。こうして戦後の①□□□□は終息に向かうが，日本経済は深刻な不況に陥ることとなる。この不況からの脱出には，1950年の⑥□□□□勃発による特需を待たねばならなかった。その後，⑦□□□□年には日本の一人あたり実質国民総生産(GNP)が戦前水準(1934〜36年平均)を超え，日本経済はb高度経済成長へと向かった。

(1) ①〜⑦にあてはまる語句・数字を，ア〜セから1つずつ選びなさい。
　ア　210　　イ　360　　ウ　1955　　エ　1968　　オ　通貨
　カ　ベトナム戦争　　キ　シャウプ勧告　　ク　朝鮮戦争
　ケ　ドッジ・ライン　　コ　兌換紙幣　　サ　デフレーション
　シ　経済安定9原則　　ス　国民所得倍増計画　　セ　インフレーション

(2) 下線部aについて，生産基盤を立て直すため，資材・資金・労働力を基幹産業に重点的に注ぎこんだ生産方式を何というか。

(3) 下線部bについて，次の問いに答えなさい。
　A　追求された利益のうち，設備の大型化と工程の一貫化による利益を何というか。
　B　OECD加盟後の1967年以降，日本は国際間の（　　）取引を段階的に自由化していった。（　　）にあてはまる語句を書きなさい。

2 〈オイル・ショック後の日本経済〉

次の文を読み，あとの問いに答えなさい。　〔(4)B 7点，他各4点　計43点〕

　1973年，第4次中東戦争の勃発にともない，アラブ産油国が石油輸出を制限し，①□□□□も価格を大幅に引き上げたため，a世界各国が不況に陥った。これが第1次②□□□□である。これによって高度経済成長は終わり，年率3〜5％の③□□□□の時代を迎えた。1980年代には，「省資源・④□□□□」を合言葉にb企業は合理化を進め，強い競争力をもつに至った。1985年には，⑤□□□□による円高ドル安誘導政策が円高不況をもたらした。日本が大量の工業製品を欧米に輸出するようになると，それらの国々の個別の分野と経済摩擦を引きおこすようになった。日米経済摩擦では，財政赤字と貿易赤字という「⑥□□□□」を抱えたアメリカの対日貿易収支の赤字を背景に，c日米間で通商交渉が行われた。

1

(1) ①_____
　②_____
　③_____
　④_____
　⑤_____
　⑥_____
　⑦_____
(2) _____
(3) A_____
　B_____

❓ヒント

(1)①債券発行によって復興資金を調達し，その大部分を日本銀行が引き受けたことがおもな原因。
　③この政策により，通貨増発は抑えられてインフレーションは収束したが，復金融資の停止やデフレーションで倒産・解雇が増え，朝鮮戦争の特需に至るまで不況が続いた。
(3)A石油化学コンビナートに代表される。
　B1960年代から1970年代にかけて，段階的に自由化が実施されていった。

2

(1) ①_____
　②_____
　③_____
　④_____
　⑤_____
　⑥_____
(2) _____
(3) _____

(1) ①〜⑥にあてはまる語句を，**ア**〜**コ**から1つずつ選びなさい。

ア 省エネ　　**イ** ASEAN　　**ウ** 双子の赤字　　**エ** 安定恐慌

オ 石油危機　　**カ** 安定成長　　**キ** OPEC　　**ク** ルーブル合意

ケ 低成長　　**コ** プラザ合意

(2) 下線部 **a** は，世界がかつて経験したことのない「不況下のインフレーション」という状況をもたらした。この状況を何というか。

(3) 下線部 **b** について，企業はどのような産業への構造転換をはかろうとしたか。あてはまるものを，**ア**〜**エ**から1つ選びなさい。

ア 重厚長大型産業　　**イ** 資源多消費型経済

ウ 知識集約型産業　　**エ** 資本集約型産業

(4) 下線部 **c** について，次の問いに答えなさい。

A アメリカは1989年に（　　）を発動して，日本からの輸入制限に踏み切った。（　　）にあてはまる対外制裁に関する条項を書きなさい。

B アメリカ政府による保護主義的な政策の採用を避けるため，日本の輸送機械や電気機械産業はどのような行動をとったか。簡単に説明しなさい。

---

3 〈日本経済の現状〉
次の文を読み，あとの問いに答えなさい。　　〔各3点　計24点〕

　1980年代後半には，_a日本経済はいわゆる①＿＿＿＿経済により高い経済成長を実現したが，1989年に金融引き締めが始まると，①＿＿＿＿崩壊へ向かった。資産価格の大幅な下落により②＿＿＿＿問題が発生し，その処理が大きな課題となっていった。1990年代は日本経済が「_b失われた10年」といわれたのに対して，アメリカ経済では③＿＿＿＿により高い経済成長を実現した。_c日本経済は2002年初めから回復に向かったが，2008年には④＿＿＿＿を発端とする世界同時株安，世界金融危機の影響を大きく受け，不況に陥った。

(1) ①〜④にあてはまる語句を，**ア**〜**カ**から1つずつ選びなさい。

ア IT革命　　**イ** 復金インフレ　　**ウ** リーマン・ショック

エ 不良債権　　**オ** バブル　　**カ** エネルギー革命

(2) 下線部 **a** について，株価や地価の大幅な上昇は，消費需要を押し上げた。このような効果を何というか。

(3) 下線部 **b** に関する説明として誤っているものを，**ア**〜**エ**から1つ選びなさい。

ア 1990年代前半には，財政支出の拡大で景気刺激策が採用されたが，十分な効果は見られず，無駄遣いとの批判がおこった。

イ 1990年代半ばには，経常収支の大幅な黒字を背景に急速な円高が進んだ。

ウ 1990年代末には，金利をゼロにして消費者を消費から貯蓄へ向かわせ，デフレ危機脱出を試みるゼロ金利政策が採用された。

エ 1990年代後半の橋本政権下では，財政再建のため消費税の増税や公共事業削減，社会保障負担増が行われた。

(4) 下線部 **c** の時期に行われた，新自由主義的な改革を何というか。

(5) 下線部 **c** について，G20が開催した金融サミットにおいて，世界金融危機の対策として打ち出されたものを，**ア**〜**エ**から1つ選びなさい。

ア 金とドルの交換停止　　**イ** 保護貿易政策への転換

ウ ヘッジファンドに対する規制　　**エ** 金融ビッグバンの断行

---

(4) A
_____
B
_____
_____

? ヒント

(1)③国民の生活水準を上げることと，できるだけ高く持続的な経済成長を同時に進行させることが目標とされた。
　⑤G5（先進5か国財務相・中央銀行総裁会議）において発表された。

(4)A不公正な貿易を行う相手国に対する報復を目的に定められた。

3

(1) ①
_____
　　②
_____
　　③
_____
　　④
_____
(2)
_____
(3)
_____
(4)
_____
(5)
_____

? ヒント

(1)①株価や地価が実体経済を超えて高騰したことを，泡にたとえている。
　③シリコンバレーのベンチャー企業を中心に株価が高騰したが，2001年にはいったん相場が崩壊した。

(2)逆に資産価値の下落が消費需要を押し下げることもある。

(4)成長力のある産業に資金や人を集め，効率的な経営を行うことによって企業の競争力を強め，国全体の経済を立ち直らせようとした。

8 章 日本経済の課題

27 公害と環境保全

[解答] 別冊p.16

⚠ 重要語句で整理

1 公害問題 出る

① **種類** 生産過程に起因する産業公害，人口や交通の集中による都市公害，生活系のごみによる [❶ 　　　　　公害] などがある。

② **環境基本法による定義** [❷ 　　　　汚染]，水質汚濁，土壌汚染，騒音，振動，地盤沈下，悪臭に区分される。

③ **明治時代** [❸ 　　　　事件[注1]] や別子銅山煙害事件がおこる。

④ **高度経済成長期** 企業が成長第一主義をおし進め，水俣病，新潟水俣病，四日市ぜんそく，イタイイタイ病の [❹ 　　　　　　] が発生。被害者が訴訟をおこし，いずれも原告が勝訴。被害救済の原則が確立。

⑤ **公害対策** 1967年に [❺ 　　　　　法] を制定し，1970年には公害対策関連14法を制定。1971年には [❻ 　　　　　[注2]] を設置して，公害行政を一元化。1974年には公害健康被害補償法[注3]を制定。

⑥ **汚染問題にかかる社会的費用の負担** [❼ 　　　　　の原則[注4]] (PPP) を企業に対して導入。無過失責任[注5]が課されるようになった。

⑦ **排出量の直接規制** 一律に排出基準を決めて企業に守らせる濃度規制と，地域全体の総排出量を決め，全企業の総排出量がそれをこえないようにする [❽ 　　　　　] がある。[❾ 　　　　　] の課税や排出権取引といった経済的措置により，温暖化の抑制を図っている。

⑧ **公害の未然防止** [❿ 　　　　　[注6]] (環境影響評価) の義務。

2 環境問題

① **環境問題の変化** 都市・生活公害やハイテク汚染など新しい環境問題の展開をふまえ，1993年に [⓫ 　　　　法] を制定。環境基本計画を策定。

② **循環型社会** 2000年に [⓬ 　　　　　法] を制定し，3R運動[注7]を進めるとともに，企業に対して [⓭ 　　　　　] (EPR) の考え方を求める。廃棄物をゼロにする [⓮ 　　　　[注8]] に取り組む企業も増加。

注1 栃木県選出の代議士・田中正造が，地元住民の救済活動を進めた。

注2 2001年の省庁再編で環境省へ昇格した。

注3 被害者は裁判の判決を待つことなく，治療費などの給付を受けることができるようになった。

注4 環境対策の費用を，汚染の原因を発生させた者が負担すべきであるとする原則。費用負担は生産者のみでなく，消費者にも課せられる。

注5 健康被害を引きおこした場合，故意・過失の有無にかかわらず，損害に対する賠償責任を負わせる制度。

注6 空港やごみ処分場など大規模な開発にあたって，環境への影響，環境破壊の防止策などを総合的に評価する。

注7 リデュース(発生抑制)，リユース(再利用)，リサイクル(再生利用)。

注8 生産活動から出される廃棄物を資源として利用し，廃棄物を出さないことをめざす。

Point
▶公害対策…公害対策基本法，公害対策関連14法，汚染者負担の原則
▶環境問題対策…環境基本法，循環型社会形成推進基本法

⊞ 図表で整理

● 四大公害と訴訟の結果

病名	提訴～判決年	場所・原因物質	判決内容(賠償金)
❶	1969～73年	水俣市 工場廃液中の ❷	原告勝訴 (約9.4億円)
❸	1968～72年	神通川流域 亜鉛製錬副産物の ❹	原告勝訴 (約1.5億円)
❺	1967～71年	阿賀野川流域 工場廃液中の ❷	原告勝訴 (約2.7億円)
❻	1967～72年	四日市市 工場排出の硫黄・窒素酸化物	原告勝訴 (約0.9億円)

● 循環型社会への取り組み

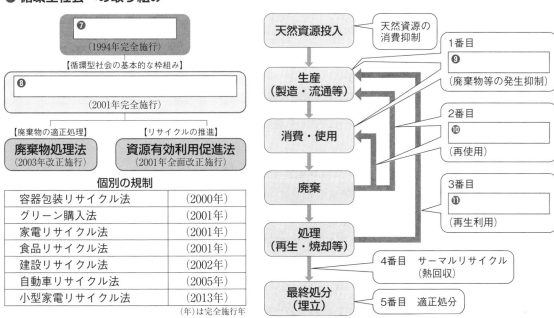

❼
(1994年完全施行)

【循環型社会の基本的な枠組み】

❽
(2001年完全施行)

【廃棄物の適正処理】 廃棄物処理法 (2003年改正施行)

【リサイクルの推進】 資源有効利用促進法 (2001年全面改正施行)

個別の規制

容器包装リサイクル法	(2000年)
グリーン購入法	(2001年)
家電リサイクル法	(2001年)
食品リサイクル法	(2001年)
建設リサイクル法	(2002年)
自動車リサイクル法	(2005年)
小型家電リサイクル法	(2013年)

(年)は完全施行年

天然資源投入 ← 天然資源の消費抑制

1番目 ❾ (廃棄物等の発生抑制)

生産(製造・流通等)

2番目 ❿ (再使用)

消費・使用

3番目 ⓫ (再生利用)

廃棄

処理(再生・焼却等)

4番目 サーマルリサイクル(熱回収)

最終処分(埋立)

5番目 適正処分

⊗ 正誤問題でチェック

内容の合っているものには〇，誤っているものには×をつけよう。

① 新潟水俣病は，新潟県阿賀野川流域で三菱油化が有機水銀をふくむ廃液を流出させたことで生じ，その裁判の提訴日は四大公害のうち最も早かった。 [　]

② 環境影響評価法の環境アセスメントは，事業の許認可に際して行政機関が行う。 [　]

③ 公害防止の費用は，その汚染物質を発生させた者が負担すべきという考え方を，汚染者負担の原則(PPP)という。 [　]

④ 公害を規制する方法として，地域全体の排出量を定め，全企業の排出量の合計がそれを超えないようにする濃度規制がある。 [　]

28 消費者問題

⚠️ 重要語句で整理

1 消費者問題

① **消費者の生活** 消費者は商品に関する情報を十分にもたない。このことを情報の [❶   性] という。このため，広告や宣伝にたよって商品を購入する [❷   効果] や，知人がもっているというだけの理由で商品を購入する [❸   効果] に陥ることが多い。こうして消費者の利益は損なわれ，消費者問題[※1]が発生する。

② **消費者の権利** 市場経済における生産のあり方を最終的に決定するのは消費者の購買行動であるとする考え方を [❹   ] という。
欠陥商品や不当価格による消費者の被害が続いたアメリカでは，1962年，ケネディ大統領が消費者の4つの権利[※2]を示した。

2 消費者行政の変化 🔵出る

① **消費者保護** 地方自治体は消費生活センターを，政府は国民生活センターを設置した。1968年には，消費者保護基本法が制定された。これは，消費者の自立を基本理念とする [❺   法] へと改正 (2004年)。

② **消費者の救済** 1994年制定の [❻   ][※3] (PL法) において，欠陥商品の被害救済について企業の無過失責任を定めた。訪問販売などの契約を一定期間内なら解消できる [❼   制度] を拡大。

③ **法制度の整備** [❽   法] の制定で，事業者に不当な行為[※5]があれば消費者は契約を解除できるとされ，2006年の改正で，国の認めた消費者団体が被害者に代わって訴訟をおこす消費者団体訴訟制度が始まる。2009年には，消費者行政の一元化のために [❾   ] を設置。食品については，どのような流通経路を経て店頭に並んだかを示す [❿   ] の明確化が進んでいる。

④ **契約**[※6] 法律的な義務を負う約束。クレジットカードの普及により，安易な売買契約から多重債務に陥り，[⓫   ] に至るケースが増えている。この対策として，貸金業法を制定。

⑤ **自立した消費行動** [⓬   運動][※7]という，環境に配慮した購入活動,食品ロスを減らす取り組みなど,[⓭   消費]とよばれる自立した消費行動が高まっている。

> **Point**
> ▶消費者問題…依存効果・デモンストレーション効果→消費者主権を侵害
> ▶消費者行政の変化…消費者基本法，消費者契約法，消費者庁

※1 悪徳商法(キャッチセールス，マルチ商法など)，不当表示，欠陥商品，誇大広告など。

※2 安全である権利，知らされる権利，選択できる権利，意見を反映される権利，からなる。この提言により，コンシューマリズム(消費者主義)が台頭した。

※3 適正な製品の使用により事故がおこった場合，その製品には欠陥があったと推定する「欠陥の推定」は導入されていない。

※4 一定期間内であれば，無条件で購入申し込みの撤回，契約の解除ができる。特定商取引法で定められた。

※5 不実告知，断定的判断の提供，不利益事実の不告知などの行為が，契約取り消しの対象となる。ただし，誤認に気づいてから6か月以内，あるいは契約から5年以内の場合に認められる。

※6 契約関係は個人の自由意志に基づいて結ばれ，国家は干渉してはならないという契約自由の原則がある。2022年の成年年齢の引き下げにともない，18歳以上の者が親の同意なしに1人で契約することが可能となった。

※7 価格が高くても環境に配慮した商品のほうを選択する，エコマークのついた商品を購入するなど，環境意識の高い消費者のこと。

⊞ 図表で整理

● 消費者の4つの権利

権利	内容
❶ □□□ である権利	健康・生命に危険な製品やサービスから守られること
❷ □□□ 権利	選択に際して必要な情報をあたえられ，誤解をあたえる広告や表示から守られること
❸ □□□ できる権利	競争価格で提供され，かつ満足のいく質をもつ製品・サービスがたくさんあり，そのなかから選ぶことができること
❹ □□□ を反映される権利	企業が製品・サービスを開発する際に，消費者の代表的な利益が反映されること

● 消費者運動のあゆみ

年	できごと	年	できごと
1948	消費生活協同組合法の制定	1979	琵琶(びわ)湖汚染防止のため滋賀(しが)県が ❽ □□□ 追放条例を制定
1951	日本生活協同組合連合会の結成	1983	サラ金規制法の制定
1955	森永ヒ素ミルク中毒事件の発生	1985	悪徳商法が多発し，社会問題となる
1957	第1回全国消費者大会の開催	1994	製造物責任法(PL法)の制定
1961	日本消費者協会の設立	1996	厚生省がHIV薬害責任を認めて謝罪
1962	サリドマイド事件の発生	2000	消費者契約法の制定。訪問販売法の改正(特定商取引法に改称)。金融商品販売法の制定
1968	❺ □□□ の制定 カネミ油症事件の発生	2001	BSE(牛海綿状脳症(うしかいめんじょうのうしょう))感染牛発見 → ❾ □□□ の制定(2003年)
1970	国が ❻ □□□ を設立 スモン病問題でキノホルムの販売を中止	2004	消費者基本法の制定
1972	PCBによる汚染魚問題の発生	2006	貸金業法の改正
1973	第1次 ❼ □□□ による物不足騒ぎ	2009	消費者安全法の制定。消費者庁の設置
1976	訪問販売法の制定	2013	食品表示法の制定

⊗ 正誤問題でチェック

内容の合っているものには〇，誤っているものには×をつけよう。

① 消費者保護基本法は，消費者の権利の尊重と自立の支援を消費者政策の柱に据えた。 [　]

② 訪問販売等に関する法律(訪問販売法)は，訪問販売や通信販売などについて，代金支払後 [　]
　でも7日以内ならば，一定の条件が満たされた場合に解約を認める制度を設けた。

③ 消費者契約法で，消費者を保護するための国民生活センターが設立された。 [　]

④ 製造物責任法(PL法)は，メーカーは過失があれば損害賠償(ばいしょう)責任を負うと定めた。 [　]

⑤ 国産牛肉のトレーサビリティを確保するために，牛を個体識別する制度が導入された。 [　]

⑥ 2006年の貸金業法の改正により，18歳以上の者は親の同意がなくても1人で契約すること [　]
　が可能となった。

❗ 重要語句で整理

1 日本の農業

① **戦後の農業**　農地改革で，寄生地主制が廃止され，農業生産力は向上。しかし，高度成長期の産業構造の[❶　　　化]により，国民総生産に占める農業生産の比率，農業就業者の割合ともに低下し続けた。

② **農村の問題**　農業就業者の高齢化とともに[❷　　　]不足が深刻化。一定期間をこえて耕作が行われない[❸　　　]*2が増加。

③ **農家の分類**　農業収入が主である[❹　　　農家]*3，比較的多くの時間を農作業にかける準主業農家の減少が著しい。

④ **食料自給率**　カロリーベースで40％を下回っている。食料安全保障の観点から食料自給率の向上がめざされている。

2 農業政策の変化　出る

① **農業に関する立法**　地主制の復活を防ぐため，1952年，[❺　　　法]を制定したが，経営規模の縮小をまねく結果となった。1961年には[❻　　　法]が制定され，農業と他産業との格差を縮めるために流通の合理化，経営規模の拡大などが進められた。

② **米の管理**　政府が農家から米などを買い上げる[❼　　　制度]*5が行われた。しかし，食生活の変化などで米が余るようになり，1970年からは[❽　　　政策]*6により，作付制限が進められた。

③ **農業の国際化**　GATTのウルグアイ・ラウンド*7の決定を受けて，米は1993年に部分開放*8され，1999年からは関税化。現在，輸入制限品目はなくなっている。

④ **農業の課題**　1995年には[❾　　　法]が施行され，自主流通米が認められる。1999年には[❿　　　]（食料・農業・農村基本法）の制定で，農村の振興をはかった。2000年，農地法が改正され，法人形態で農地を取得することが可能となった。農業経営を安定させるための[⓫　　　対策]*9が2011年から本格導入された。

⑤ **農業の展望**　2018年に日本を含む11か国で[⓬　　　]*10（環太平洋経済連携協定）が発効し，すべての農産物に対して関税引き下げが求められるようになった。

*1　農業就業者の約7割が，65歳以上となっている。
*2　過去1年以上農作物を栽培せず，今後数年の間に再び耕作する予定のない土地のこと。
*3　65歳未満で年間60日以上農業に従事する者がいる農家のうち，農業収入が農業外収入より多い農家。従来，専業農家と兼業農家（第一種，第二種）に分類されていたが，1995年から新たな分類に変わった。
*4　65歳未満で年間60日以上農業に従事する者がおり，農業外収入が農業収入より多い農家のこと。65歳未満で年間60日以上農業に従事する者がいない農家は，副業的農家という。
*5　米生産農家の保護のため，生産者米価が年々引き上げられた結果，米作から他の作物への転作が妨げられた。
*6　他の農作物への転作と，米の作付制限による生産調整。2018年に廃止された。
*7　1986年に開始。自由貿易を促進するため，関税などの輸入制限措置の撤廃を協議するもの。
*8　向こう6年間関税化を見送り，その間に国内消費量の4～8％の米をミニマム・アクセス（最低輸入量）として輸入することとした。
*9　農産物の販売価格が生産費を下回った場合，その差額を生産者に補償する制度。
*10　アジア・太平洋地域における貿易自由化，非関税化をめざす包括的な協定。

Point
▶日本の農業…農業就業人口の減少，農業就業者の高齢化，食料自給率の低下
▶農業政策の変化…食糧管理制度→食糧法，減反政策，TPP11参加

⊞ 図表で整理

● 農家の分類

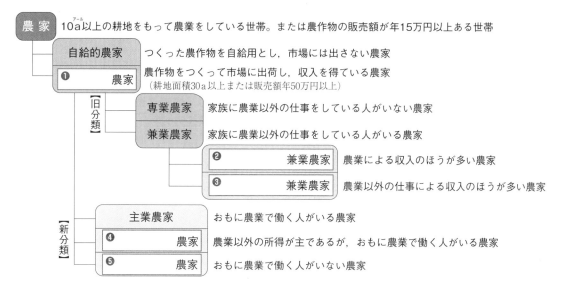

農家　10a以上の耕地をもって農業をしている世帯。または農作物の販売額が年15万円以上ある世帯

自給的農家　つくった農作物を自給用とし，市場には出さない農家

❶　　　農家　農作物をつくって市場に出荷し，収入を得ている農家
（耕地面積30a以上または販売額年50万円以上）

【旧分類】

専業農家　家族に農業以外の仕事をしている人がいない農家

兼業農家　家族に農業以外の仕事をしている人がいる農家

❷　　　兼業農家　農業による収入のほうが多い農家

❸　　　兼業農家　農業以外の仕事による収入のほうが多い農家

【新分類】

主業農家　おもに農業で働く人がいる農家

❹　　　農家　農業以外の所得が主であるが，おもに農業で働く人がいる農家

❺　　　農家　おもに農業で働く人がいない農家

● 農業政策のあゆみ

年	できごと	年	できごと
1942	食糧管理法の制定	1995	食糧法の施行
1952	農地法の制定	1999	米の ❽　　　 化の実施
1961	農業基本法の制定		食料・農業・農村基本法の制定
1969	❻　　　 制度の発足（政府を通さずに登録販売業者を通じて米を販売する）	2000	農地法の改正で ❾　　　 による農地取得を認める
1970	減反政策の開始	2010	米の ❿　　　 法の施行
1991	❼　　　 ・オレンジの輸入自由化	2011	経営所得安定対策を本格実施
1993	米の部分開放の実施	2018	減反政策の廃止

⊗ 正誤問題でチェック

内容の合っているものには○，誤っているものには×をつけよう。

① 食糧管理制度では，生産者米価より消費者米価を高くして，「逆ざや」を生みだした。　[　　]

② 食糧管理制度は，1995年に農家の米の自由売買が認められたことにより，廃止された。　[　　]

③ 高度経済成長の時期，農村人口の減少にともなって，農家戸数に占める第二種兼業農家の割合が低下した。　[　　]

④ 高度経済成長の時期，GNP(国民総生産)に占める農業生産の割合が低下した。　[　　]

⑤ 減反政策は，自主流通米制度の発足によって，1990年に廃止された。　[　　]

⑥ 食糧管理法は，BSE(牛海綿状脳症)や残留農薬による食に対する不安を背景として，食品安全基本法に改正された。　[　　]

30 中小企業

⚠️ 重要語句で整理

1 中小企業の地位 出る

① **企業の規模** [❶　　　　　法]において中小企業と区分される企業は, 日本の企業数や従業者数において大きな割合を占める。大企業との間には, 生産性, 収益性, 賃金, [❷　　　　]などの面で大きな格差があり,「経済の[❸　　　　構造]」とよばれる。

② **大企業と中小企業** 中小企業が大企業の下請けとして生産を請け負う。大企業と密接な関係にある[❹　　　　企業]に組み込まれることが多い。大企業は下請け企業を支援して, 自らの競争力を高めてきた。

③ **中小企業の問題点** 労働条件が劣る。労働組合の組織率が低い。不況の際は大企業からの発注を減らされ,「景気の安全弁」として生産調整の役割を強いられる。

2 中小企業の変化

① **高度経済成長期の変化** 労働力の不足にともない, 中小企業の賃金は向上し, 技術革新により大企業との生産性の格差も縮まってきた。

② **1980年代の変化** 円高の進行, 新興国の成長にともない, 陶磁器, 繊維, 金属食器などを生産する伝統的な[❺　　　　産業]は, 経営に苦しむようになる。

③ **先駆する中小企業** グローバル化が進むと, 大企業が踏み出せない分野で先駆的な事業を[❻　　　　]が手がけるようになる。市場規模の小さい「すきま」に活路を見出す[❼　　　　]とよばれる企業・産業もある。弱者の支援など, 社会問題の解決を目標とする[❽　　　　企業]や, コミュニティ・ビジネスも増えている。

④ **中小企業政策** [❶]が1999年に改正され, 中小企業の「多様で活力ある成長発展」が支援される。それとともに, 新事業の展開により地域経済を支える[❾　　　　]の形成, 異分野連携などが課題として示される。

⑤ **中小企業の課題** 後継者が現れない場合, [❿　　　　](合併・買収)により事業を譲渡して企業の存続を図る試み。インターネットを通じて不特定多数の人々に資金提供をよびかける[⓫　　　　]。

> **Point**
> ▶中小企業の地位…生産性, 賃金, 資本装備率などの面で大企業に劣る
> ▶中小企業の変化…ベンチャー・ビジネス, ニッチ

※1 製造業においては, 資本金の額または出資の総額が3億円以下の会社, または常時使用する従業者の数が300人以下の会社, および個人をさす。

※2 労働者1人あたりの資本設備額(生産活動を行うために利用する設備の額)。この数値が高くなるほど, 労働生産性は高まる。

※3 トヨタ自動車で採用されたジャスト・イン・タイム生産方式などが典型的な例。下請け工場との間で「かんばん」とよばれる伝票をやりとりすることで, 部品の生産量や納期を伝達する。

※4 特に派遣労働者などの非正規雇用者, 外国人労働者の雇用が変動しやすい。

※5 「円高不況」とよばれる現象がおきた。

※6 1990年代以降にIT革命が進むと, 情報通信産業の分野で著しい成長を見せた。

※7 市場規模が小さく, 小回りの利かない大企業では参入が難しい分野。

※8 地域的な課題に取り組む事業。医療, 環境, 災害支援などの分野に見られる。

※9 産官学の広域的な人的ネットワークの構築, 中小企業の実用化技術開発の推進, 起業家育成施設の整備などが重視されている。

⊞ 図表で整理

● 企業の規模別の比較

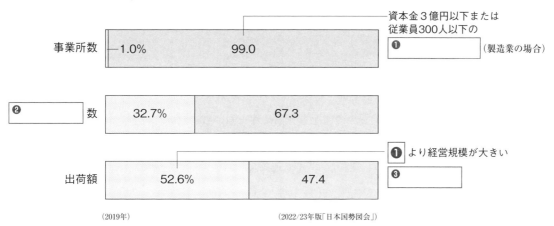

(2019年)　　　　　　　　　　　　　　　(2022/23年版「日本国勢図会」)

● 「経済の二重構造」の要因

経営の形態	中小企業は ❹ [　　　] 経営が主体の零細企業が多かった。
労働者の立場	❺ [　　　] の組織率が低く，経営者に対する労働者の立場が弱い。
大企業との関係	機械，繊維，衣服などの分野において，大企業の ❻ [　　　] として生産活動を行う。 →生産条件や労働条件が劣る。

⊗ 正誤問題でチェック

内容の合っているものには○，誤っているものには×をつけよう。

① 中小企業基本法のおもな政策目標は，中小企業の「多様で活力ある成長発展」から，「大企業　［　　］
との格差是正」へと変更された。

② 中小企業の資本装備率(労働者1人あたりの資本設備額)は，大企業の資本装備率を下回っ　［　　］
ている。

③ 日本全体の企業数や従業者数に占める中小企業の比率は20％以下であり，大企業の比率が　［　　］
圧倒的に大きい。

④ 中小企業の従業者の賃金は，大企業の従業者のそれと比べると，平均して低くなっている。　［　　］

⑤ 日本の中小企業は家族経営の零細企業が多く，労働組合の組織率も，大企業に比べると低　［　　］
くなっている。

⑥ 中小企業と大企業との間に，二重構造とよばれる賃金などの労働条件や生産性に関する格　［　　］
差が存在する。

⑦ 電子商取引の発達や不況によって，中小企業の破綻が増加し，全事業所数に占める中小企　［　　］
業の割合が50％を下回った。

31 雇用と労働問題

⚠ 重要語句で整理

1 労働問題の発生 出る

① **労働問題の発生** 資本家と労働者は本来[❶　　　　　　　の原則]に基づき，自由な契約の主体として労働契約を結ぶ。しかし，産業革命の進展にともない，労働者は長時間・低賃金の劣悪な労働条件を強いられた。

② **労働運動の展開** 労働者は[❷　　　　　　　　]を結成して，資本家に対抗。イギリスでは，機械打ちこわし運動(ラダイト運動)がおこった。国際的組織化※1が進み，1919年，[❸　　　　　　　　](ILO)を設立。

③ **日本の労働運動** 労働組合期成会などの活動に対し，政府は治安警察法や治安維持法※2で弾圧。戦時中，[❷]は産業報国会に統合。

④ **労働三権** 第二次世界大戦後は，日本国憲法で[❹　　　　　※3]，団体交渉権，団体行動権(争議権)の労働三権を保障した。

⑤ **労働三法** 労働条件の最低基準を[❺　　　　　法](1947年)に規定。労働者が[❷]を結成する権利，使用者の不当労働行為※5の禁止などについて[❻　　　　※6法](1945年)で規定。労働委員会が斡旋※7・調停・仲裁などをする争議の調整について，労働関係調整法(1946年)に定める。

⑥ **労働組合運動** [❼　　　　　　](日本労働組合総評議会)と同盟(全日本労働総同盟)が主導。1980年代には，[❽　　　　　　](日本労働組合総連合会)，全労連(全国労働組合総連合)，全労協(全国労働組合連絡協議会)として統合・再編された。

2 現代の雇用環境

① **日本型雇用慣行** [❾　　　　　　※8制]，年功序列型賃金，企業別労働組合。

② **雇用環境の変化** 日本型雇用慣行が崩れ，能力主義による賃金体系，裁量労働制，フレックスタイム制※9が採用される。企業は，パートタイマー，契約・派遣社員などの[❿　　　　※10]の労働者を活用。

③ **労働形態の変化** 個人事業主として働く[⓫　　　　　　　]が増加。ネット回線を使って自宅で勤務する[⓬　　　　　　]が広まる。

④ **労働条件の問題** 過労死，賃金が支払われないサービス残業，働いても最低生活水準さえ維持できない[⓭　　　　　　　]などがある。[⓮　　　　　　　　](仕事と生活の調和)が求められる。

> **Point**
> ▶労働法の確立…労働三権の保障，労働三法の制定
> ▶現代の雇用環境…日本型雇用慣行の崩壊，非正規雇用の増加

※1 19世紀後半に社会主義者の国際組織として，国際労働者協会(第1インターナショナル)，国際社会主義者大会(第2インターナショナル)が結成された。

※2 政府は一方で，1911年，工場法を制定し，児童労働の禁止や女子労働者の労働時間の制限などを規定した。

※3 労働者が労働組合を結成する権利。

※4 「全体の奉仕者」とされる公務員には，この権利があたえられていない。

※5 労働組合員であることを理由に解雇すること，使用者が正当な理由なく団体交渉を拒否することなどがふくまれる。

※6 労働組合による正当な争議行為に対しては，刑事上・民事上の免責特権が認められる。

※7 国，都道府県に設置される第三者機関。

※8 新規学卒者を，同じ企業で定年まで雇用する制度。

※9 一定の時間帯内であれば，労働者が出社・退社時刻を自由に決められる制度。

※10 労働者派遣法，パートタイム・有期雇用労働法などにより，非正規雇用の保護が進んだ。また，「働き方改革」の一環として，非正規雇用と正規雇用の間の待遇格差を是正するため，2021年に同一労働同一賃金の原則が導入された。

⊞ 図表で整理

● 労働法制

法律		内容
労働三法	労働基準法	1日❶[　　　]時間，週40時間の法定労働時間を規定。裁量労働制，有期労働契約を規定。この基準を守らせるため，都道府県に労働局を，市町村に労働基準監督署を設置。
	労働組合法	労働者が使用者と対等な立場で団体交渉を行い，❷[　　　]を結ぶ権利を保障。労働組合への支配・介入などの❸[　　　]を禁止。
	❹[　　　]	労使紛争を❺[　　　]（労働委員会が指名する委員が間に入って解決），❻[　　　]（調停委員会が調停案を作成して双方に受諾を勧告），❼[　　　]（仲裁委員会が拘束力のある裁定を行う）。
❽[　　　]		賃金に最低水準を定め，使用者にその金額以上の賃金を労働者に支払わせる。
❾[　　　]		従業者数の一定比率に障害者を雇用するよう事業者に義務づける。
❿[　　　]		重大災害や職業病に対応。
⓫[　　　]		1歳未満の子の養育や家族介護のための休暇取得を可能にする。
⓬[　　　]		募集・採用・昇進などに際して性別による差別を禁止。セクシュアル・ハラスメントの防止を事業者の義務とする。
⓭[　　　]		労働者派遣事業の適正な運営をはかる。
⓮[　　　]		労使紛争を裁判所で解決する労働審判制度を設立。
⓯[　　　]		採用，労働条件の変更，解雇など労使間の雇用ルールを明確化。

⊗ 正誤問題でチェック

内容の合っているものには〇，誤っているものには×をつけよう。

① 産業革命によって雇用の機会から排除された農民たちは不満を募らせ，機械打ちこわし運動（ラダイト運動）を展開した。 [　　]

② 労働基準法によると，使用者は，労働者の信条を理由として労働条件について差別的取り扱いをしてはならない。 [　　]

③ 男女雇用機会均等法は，男女労働者の双方に対し，育児および介護休業の取得を保障するよう事業主に義務づけている。 [　　]

④ 最低賃金制度は派遣労働には適用されず，パートタイム労働には適用される。 [　　]

⑤ 日本の企業経営においては，個人の年々の労働成果に対応する形で賃金が変動する，年功序列型賃金が採用されてきた。 [　　]

⑥ 日本では，企業別労働組合が労使交渉の中心となってきた。 [　　]

⑦ 女性の年齢別労働力率の特徴を示すM字型就労のM字型の底は，年々浅くなってきているが，他の先進国にくらべ依然として女性が妊娠・出産を機に退職する傾向は残っている。 [　　]

32 社会保障と国民福祉

⚠ 重要語句で整理

1 社会保障制度の発達 出る

① **欧米の社会保障** 17世紀のイギリスで[❶　　　　　　　　**法**]を制定。

19世紀, ドイツのビスマルクが世界最初の社会保険制度を整備。20世紀,

ドイツで[❷　　　　　　　**憲法**]が制定され, 生存権が保障される。

② **社会保障制度の発達** アメリカのニューディール政策の一環で, 連邦社

会保障法を制定。1942年, [❸　　　　　　　　]により, 「ゆりかご

から墓場まで」を唱える, 近代的な社会保障制度が確立。国際労働機関

(ILO)が, [❹　　　　　　　　**宣言**]で社会保障の国際的原則を示す。

③ **日本の社会保障の始まり** 日本国憲法第25条で生存権を規定。1960年

代に国民皆保険・[❺　　　　　　　　　　]を実現。

④ **社会保障制度の柱** 自力で生活できない困窮者を救済する[❻　　　　　　]。

老齢, 失業, 疾病, 介護などを対象に生活保障を行う[❼　　　　　　]。

老人, 児童, 母子, 障害者など社会的弱者を援助する[❽　　　　　　]。

疾病予防, 健康増進などをはかる[❾　　　　　　　　]。

2 社会保障制度の課題

① **社会保障制度の類型** 全国民を対象に平等に給付するイギリス・北欧

型, 職域ごとの社会保険を中心に不足分を公費で補うドイツ・フランス

などの大陸型, 両者の混合型がある。

② **年金保険** [❿　　　　　　　　](基礎年金), 厚生年金の2階建て。修正

積立方式から[⓫　　　　　　]へ移行。

③ **日本の人口構成の変化** 高齢化と少子化が進む[⓬　　　　　**化**]によ

り, 社会保障費が増大。合計特殊出生率は, 2005年に過去最低になった。

④ **社会保障制度の維持** 2008年に[⓭　　　　　　**制度**]が導入さ

れ, 75歳以上の高齢者は健康保険の制度から切り離された。

⑤ **公的な介護** 2000年に, 要介護認定を受けた人への介護サービスを行

う[⓮　　　　**制度**]を創設。

⑥ **福祉社会の実現** 施設・サービス上の障壁を除く[⓯　　　　　　　　],

高齢者や障害者も普通に暮らす[⓰　　　　　　　　　　]を促進。

※1 都市に流入した貧しい農民を対象とした公的扶助の制度。

※2 イギリスにおいて, ナショナル・ミニマム(国民としての最低限度の生活水準)を保障するために行われた。

※3 生活保護法に基づき, 生活・教育・住宅・医療・介護など8つの分野で支援。
※4 医療保険, 年金保険, 雇用保険, 労災保険, 介護保険の5種類。
※5 行政の権限によりサービスを決定する措置制度から, 利用者自身が事業者との契約によりサービスを受ける利用契約制度へと変化している。

※6 一定期間に支給する年金を, その期間の保険料でまかなう方式。
※7 老年人口(65歳以上)が全人口の7%をこえる社会を高齢化社会, 14%をこえる社会を高齢社会, 21%をこえる社会を超高齢社会という。
※8 1人の女性が一生の間に出産する子どもの数の平均数。
※9 40歳以上の国民が支払う保険料と公費を財源とする。介護サービスの利用者は, 費用の1〜3割を負担する。

> **Point**
> ▶日本の社会保障制度…公的扶助, 社会保険, 社会福祉, 公衆衛生
> ▶社会保障制度の課題…少子高齢化, 財源の確保

📊 図表で整理

● 日本の社会保障制度

社会保障制度			
社会保険	❶ [　　　]	健康保険，船員保険，各種共済組合，国民健康保険，後期 ❷ [　　　] 医療制度	
	❸ [　　　]	厚生年金，国民年金	
	❹ [　　　]	雇用保険，船員保険	
	❺ [　　　]	労働者災害補償保険，公務員災害補償保険	
	介護	介護保険	
公的扶助	❻ [　　　]	，その他の社会手当	
社会福祉	❼ [　　　]	福祉，母子福祉，身体障害者福祉，知的障害者福祉，老人福祉	
公衆衛生	医療	健康増進対策，難病・感染症対策，保健所サービスなど	
	❽ [　　　]	生活環境整備，公害対策，自然保護など	

● 公的年金制度

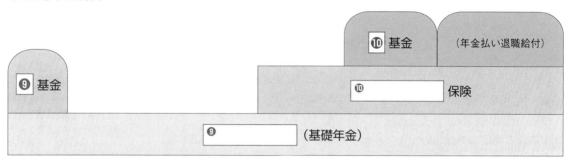

第1号被保険者	第3号被保険者	第2号被保険者	
自営業者，学生など	第2号被保険者の扶養配偶者	民間被用者(会社員)	公務員など

✖ 正誤問題でチェック

内容の合っているものには○，誤っているものには×をつけよう。

① ドイツでは「ゆりかごから墓場まで」をスローガンに社会保障制度が整備された。　[　　]

② 公的扶助は，災害での被災者などに対して，低利の融資を行う制度である。　[　　]

③ 厚生年金には民間企業に勤務する者が加入し，保険料は労使が折半して負担する。　[　　]

④ 年金保険の財源の調達はこれまでの賦課方式を廃止して積立方式へと移行した。　[　　]

⑤ 業務上負傷しまたは病気にかかった労働者に対して補償を行う労災保険(労働者災害補償保険)では，事業主と国が保険料を負担する。　[　　]

⑥ 老後，国民年金を受給することになる自営業者と，厚生年金保険が上乗せされる民間企業の被用者との間で，給付内容に違いがある。　[　　]

⑦ 社会福祉は，援助と保護を必要とする人に対し，施設・サービスなどを提供する。　[　　]

1 〈公害と環境保全，消費者問題〉
次の文を読み，あとの問いに答えなさい。　〔(3)7点，他各4点　計27点〕

　1950年代半ばからのわが国の高度経済成長は，大量生産・a大量消費型の豊かな生活をもたらした。しかし，その一方で，重化学工業を中心とした産業構造は，大規模化した企業活動にともない，①□□□を発生させた。本来，損なわれた環境を回復するための費用や公害防止にかかる費用は，汚染原因者である企業が負担すべきであるにもかかわらず，第三者や社会に転嫁されるのが実情であった。そこで，OECDは，b公害に対する外部不経済を内部化させることが必要であると②□□□を勧告し，公害防止と公害被害の費用を公害発生者の負担とした。日本政府も，1967年の③□□□をはじめ，公害対策に向けての立法化を推し進めた。

(1)　①〜③にあてはまる語句を，ア〜カから1つずつ選びなさい。
　　ア　都市公害　　イ　PPP　　ウ　産業公害　　エ　環境基本法
　　オ　モントリオール議定書　　カ　公害対策基本法
(2)　下線部aの経済構造のなかで生まれた消費者問題について，訪問販売や電話勧誘による商品購入に対して定められた制度を，ア〜エから1つ選びなさい。
　　ア　PL法　　イ　グリーン・コンシューマー
　　ウ　生活協同組合　　エ　クーリング・オフ
(3)　消費者問題の多様化のなかで主張されるようになった消費者主権とは，どのような考え方か，説明しなさい。
(4)　下線部bについて，四大公害病のうち大気汚染を原因とする公害病は何か。

2 〈農業・食料問題，中小企業〉
次の文を読み，あとの問いに答えなさい。　〔各3点　計18点〕

　a日本の農業は，b農業就業者数の減少，担い手の①□□□や耕作地の放棄，安価な輸入農作物との競争など，多くの課題を抱えている。また，食料を輸入に依存することは，②□□□の低下につながる。農業の衰退は，c都市の工業・サービス業への農業人口の流出を引き起こし，農村の過疎化をまねいた。

(1)　①・②にあてはまる語句を，ア〜エから1つずつ選びなさい。
　　ア　食料自給率　　イ　若年化　　ウ　社会保障給付　　エ　高齢化
(2)　下線部aに関する次のア〜ウの施策を，年代の古い順に並べなさい。
　　ア　食糧法の施行　　イ　経営所得安定対策の導入　　ウ　減反政策の開始
(3)　下線部bについて，現在日本で最も高い割合を占めるものを選びなさい。
　　ア　主業農家　　イ　準主業農家　　ウ　副業的農家
(4)　下線部cについて，次のA・Bの□□□にあてはまる語句を書きなさい。
　　A　中小企業と大企業との間には，「□□□」とよばれる賃金などの労働条件や生産性に関する格差が存在する。
　　B　わが国で中小企業を定義する代表的な法律は，□□□である。

1
(1) ①_____
　　②_____
　　③_____
(2) _____
(3) _____
　　_____
　　_____
(4) _____

❓ヒント
(1)①「重化学工業を中心とした産業構造」をもとに考える。
③大気汚染，水質汚濁，土壌汚染，騒音，振動，地盤沈下および悪臭の「典型7公害」を規定。
(2)マルチ商法，アポイントメント商法など，「悪徳商法」とよばれることの多い販売方法が対象となる。

2
(1) ①_____
　　②_____
(2) 　　→　　→
(3) _____
(4) A_____
　　B_____

❓ヒント
(1)②「国内生産量÷国内消費仕向量(国内生産量＋輸入量−輸出量−在庫の増加量)」で計算する。
(3)一般に，農業収入を主たる収入とする農家よりも，多くの収入を得ている。

3 〈雇用と労働問題〉

次の文を読み，あとの問いに答えなさい。　〔⑷7点，他各3点　計28点〕

日本国憲法第27条と第28条は，国民ないし勤労者（労働者）の①□□□を保障している。このうち_a労働条件の基準に関しては②□□□が制定され，労働条件に関する原則や守るべき最低の基準等が定められた。1985年には男女差別（ぜさい）の是正のための③□□□など新たな立法も行われてきた。近年の日本では「_b格差の拡大」が社会問題化している。労働分野でも「派遣（はけん）切り」に象徴（しょうちょう）される④□□□労働者の労働環境が課題となっている。その背景には，_c日本型雇用慣行（ほうかい）の崩壊,労働分野で進められた規制緩和（かんわ）が影響しているとの見方がある。

⑴ ①〜④にあてはまる語句を，ア〜キから1つずつ選びなさい。

　ア 男女雇用機会均等法　　イ 労働基本権　　ウ 正規　　エ 請願権（せいがん）
　オ 男女共同参画社会基本法　　カ 労働基準法　　キ 非正規

⑵ 下線部aについて，②□□□の法律によって定められている法定労働時間は，1日A□□□時間，週B□□□時間である。A・Bにあてはまる数字を書きなさい。

⑶ 下線部bについて，フルタイムで働いても最低生活水準を保てない労働者を何というか。ア〜ウから1つ選びなさい。

　ア ワークシェアリング　　イ ワーキングプア　　ウ ニート

⑷ 下線部cのうち，終身雇用制とはどのような制度か。簡単に説明しなさい。

4 〈社会保障と国民福祉〉

次の文を読み，あとの問いに答えなさい。　〔各3点　計27点〕

日本は_a超高齢社会に突入している。高齢化とともに，少子化も進む。高齢化の直接の原因が①□□□であるとすれば，少子化のそれは②□□□の低下である。日本では，1人の女性が生涯（しょうがい）に産む子どもの平均数が，人口を維持するのに必要とされる水準を1974年からほぼ一貫して下回ってきた。少子高齢化は,_b保険料を負担する現役世代の負担額が大きくなりすぎるなど，国民生活に大きな影響をあたえかねない。特に，日本の公的年金制度は，③□□□をそのベースの一部に採用しており，_c高齢化が進むほど，現役世代の負担が重くなる。本来この制度は，④□□□型の人口構造を前提としているためである。_dこのような人口構造の変化をふまえた社会保障政策の実現のため，2019年の⑤□□□率引き上げによる増収分は，すべて社会保障にあてられた。

⑴ ①〜⑤にあてはまる語句・数字を，ア〜クから1つずつ選びなさい。

　ア 富士山　　イ 出生率　　ウ 積立方式　　エ 平均寿命の伸長
　オ 法人税　　カ 消費税　　キ 賦課方式（ふか）　　ク つぼ

⑵ 下線部aの社会は，65歳以上の人口が総人口に占める割合が何％以上の社会をさすか。ア〜エから1つ選びなさい。

　ア 7％　　イ 14％　　ウ 21％　　エ 28％

⑶ 下線部bについて，寝たきりや認知症などで要介護認定を受けた人へのサービスを行う保険を何というか。

⑷ 下線部cについて，高齢者の暮らしを支える在宅サービスのうち，「通所介護（にんちしょう）」のことをカタカナで何というか。

⑸ 下線部dについて，2008年から75歳以上の高齢者は健康保険や国民健康保険の対象（たいしょう）から外され，何という医療保険の制度に組み入れられたか。

3

(1) ①＿＿＿＿
　　 ②＿＿＿＿
　　 ③＿＿＿＿
　　 ④＿＿＿＿

(2) A＿＿＿＿
　　 B＿＿＿＿

(3) ＿＿＿＿

(4) ＿＿＿＿
＿＿＿＿＿＿
＿＿＿＿＿＿

❓ヒント

(1)②この法律の基準を下回る労働条件は，労使間の合意があっても無効。
(3)この階層の収入が，生活保護の水準を下回ることが社会問題となった。

4

(1) ①＿＿＿＿
　　 ②＿＿＿＿
　　 ③＿＿＿＿
　　 ④＿＿＿＿
　　 ⑤＿＿＿＿

(2) ＿＿＿＿

(3) ＿＿＿＿

(4) ＿＿＿＿

(5) ＿＿＿＿

❓ヒント

(1)②晩婚化・非婚化が，この統計数値の低下の大きな要因となっている。
　③現役世代が，その時点の高齢者の年金を負担する方式。
(2)高齢化社会，高齢社会，超高齢社会の段階がある。
(3)2000年に発足した社会保険制度。

9 章 現代の国際政治

33 国際社会と国際法

[解答] 別冊p.19

⚠ 重要語句で整理

1 国際社会の成立

① **国家の主権の確立** 1648年の[❶   ※1 条約]で，それぞれの国家が[❷   ※2]をもち（主権国家），互いに独立・平等な立場で国際社会を形成するしくみが認められる。

② **国際政治** 近代ヨーロッパでは，同盟や軍拡によって軍事力を均衡させて紛争の危険性を低減させる[❸   ※3]（バランス・オブ・パワー）政策がとられた。

③ **主権国家の形態** 絶対主義国家が市民革命を経て，国家と国民が一体となった[❹   ※4]へと成長。国民としての一体感と外国に対する独立性を強調する[❺   ※5]（国民主義）が広がった。

④ **国際権力政治** 19世紀末以降，ヨーロッパで[❸]の考えに基づく植民地拡大・軍拡競争が展開。第一次世界大戦後には[❻   の原則]が主張されて，[❼   ※6]が創設され，集団安全保障が制度化された。しかし再び軍拡競争へ向かい，第二次世界大戦がおこる。

2 国際法と主権国家体系 出る

① **国際社会の秩序** [❽   ※7]が，『戦争と平和の法』を著し，国際法の基礎を築く。初期には，内政不干渉の原則，公海自由の原則など明文化されていない[❾   ]を中心として発達。19世紀からは，明文化された国家間の合意である条約が多く結ばれる。

② **現代の国際法** [❾]の条約化が進む。第二次世界大戦後，国際連合の下におかれた[❿   ※9]（ICJ）が，国際法の解釈に関する判断基準を示している。2003年には，国際人道法に反する個人の犯罪を裁くため，[⓫   ※10]（ICC）がおかれた。

③ **領域をめぐる問題** 国境画定をめぐりカシミール，スプラトリー諸島などで周辺諸国が対立。日本固有の領土である北方領土は[⓬   ]に，竹島は韓国に不法に占拠されている。

※1 1618～48年におこった三十年戦争を終結させた条約。ヨーロッパの多くの国が参加し，初めて主権国家の原則を明文化。

※2 他国からの干渉を受けない独立した国家。主権と領土が明確化され，近代国家の原型となった。

※3 1814～15年のウィーン会議後のヨーロッパでとられるようになった政策である。

※4 個人利益より国家利益（ナショナル・インタレスト）が優先される。

※5 地域によっては，民族の一体性を強調する民族主義，他民族のことをかえりみない自民族中心主義へと変質していった。

※6 取り決めに違反した国に対して，集団的な制裁を加えることで，平和を維持する集団安全保障が試みられた。

※7 16～17世紀のオランダの法学者。

※8 国連海洋法条約（1994年発効）のような新しい法秩序が形成された。

※9 任期9年の15人の裁判官で構成される。

※10 人道に対する罪，集団殺害罪，侵略の罪などが対象となる。オランダのハーグに常設されている。

Point

▶国際社会の変化…勢力均衡政策→集団安全保障

▶国際法…国際慣習法と条約

⊞ 図表で整理

● 国際法の種類

❶	❶，協定，議定書，規約，宣言などの，国家間の文書による合意	・二国間 ❶ …日米安全保障条約など ・多国間 ❶ …国際連合憲章，国際人権規約など
国際慣習法	国家間の一般的 ❷ が拘束力のある法として認められたもの	・内政 ❸ の原則 ・❹ 自由の原則 ・❺ の無害通航権 ・無主地の先占など

● 主権のおよぶ範囲

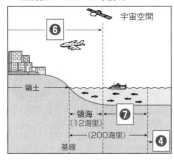

❻ …領土と領海の上空（大気圏内）。宇宙空間は自由な国際的空間とされる。

❼ …領海の基線から200海里までのうち，領海をふくまない水域。この範囲の水産資源や鉱産資源の権利は，沿岸国に認められている。

❹ … ❼ の外側の水域。❹ 自由の原則が適用される。

⊗ 正誤問題でチェック

内容の合っているものには〇，誤っているものには×をつけよう。

① ウェストファリア条約は，ヨーロッパにおいて，主権国家を構成単位とする国際社会の成立を促した。 [　　]

② オランダの法学者グロティウスは『戦争と平和の法』を著し，近代国際法の形成に貢献したため，「国際法の父」ともよばれる。 [　　]

③ 18世紀のフランス革命を経て，「国民」としての一体感に支えられた「国民国家」の考え方が生まれた。 [　　]

④ 国連加盟国の過半数の国が批准した条約には，その条約を批准していない国に対する拘束力が認められる。 [　　]

⑤ 国際連合の主要な司法機関として国際司法裁判所が存在するが，紛争当事国双方の同意がなければ裁判を行えず，さらに，紛争当事国に対して拘束力をもつ判決を下すことができないなどの限界がある。 [　　]

⑥ 国家間や国内の紛争などにおいて重大な非人道的行為を犯した個人を裁く常設の裁判所である国際刑事裁判所は，2002年7月の国際刑事裁判所設立条約の発効を受けて，2003年3月にブリュッセルで発足した。 [　　]

⑦ 島根県に属する竹島は数十の小島からなる群島であり，現在は韓国に不法に占拠されているが，日本固有の領土である。 [　　]

34 国際連合と国際協力

⚠ 重要語句で整理

1 国際平和機構の成立 出る

① **国際連盟の成立** 国際連盟は、第一次世界大戦後、アメリカ大統領 [❶⎕⎕⎕⎕⎕⎕⎕⎕] が発表した十四か条の平和原則に基づき、42か国の参加により発足。武力行使を禁止した条約に違反した国に対して集団的な制裁を加えることにより、平和を維持する集団安全保障を試みる。

② **国際連盟の組織** 全加盟国からなる総会、戦勝国などからなる理事会は、議決に [❷⎕⎕⎕⎕⎕⎕⎕] の方法をとったため、有効な措置をとることができず、第二次世界大戦の発生を防げなかった。

③ **国際連合の成立** 第二次世界大戦中に発表された大西洋憲章の考えを引きつぎ、1945年のサンフランシスコ会議で [❸⎕⎕⎕⎕⎕⎕⎕] を採択し、51か国の加盟で国際連合(国連)が発足。

④ **国際連合の組織** [❹⎕⎕⎕⎕⎕] では全加盟国が1国1票の投票権をもつ。[❺⎕⎕⎕⎕⎕] は5常任理事国と10非常任理事国で構成される。大国一致の原則に基づき、常任理事国には [❻⎕⎕⎕ **権**] がある。[❼⎕⎕⎕⎕⎕] の下には、UNESCO、FAO、WHO などの専門機関がおかれ、経済・社会分野での国際連携をはかる。民間の組織である [❽国連⎕⎕⎕⎕] との協力も行われている。

⑤ **国際連合の課題** アメリカなどが [❾⎕⎕⎕⎕] を滞納。

2 国際連合と平和の維持

① **国連総会の機能** 安全保障理事会が [❻] 発動により機能しなくなったとき、総会は [❿⎕⎕⎕⎕⎕ **決議**] を発して、平和のための集団的措置を加盟国に勧告することができる。

② **平和の維持・監視** [⓫⎕⎕⎕⎕⎕⎕] (PKO)には、紛争の拡大を防ぐ国連平和維持軍(PKF)、停戦監視団、選挙監視団などがある。湾岸戦争では、安全保障理事会の決議で [⓬⎕⎕⎕⎕⎕] が結成された。

③ **国際協力** 国連貿易開発会議(UNCTAD)や国連開発計画(UNDP)によって発展途上国への援助を進めてきた。「人間の安全保障」の考えから貧困の解決をはかるミレニアム開発目標(MDGs)を採択、さらに2015年には [⓭⎕⎕⎕⎕⎕] (SDGs)を採択した。

> **Point**
> ▶国際連盟の欠陥…全会一致制、軍事制裁がない
> ▶国際連合の安全保障理事会…大国一致の原則、拒否権

※1 国際機関の設立、民族自決の原則、秘密外交の禁止などを示した。

※2 これに対して、国連憲章に定められた集団的自衛権は、同盟関係にある国が攻撃された場合に、自国が攻撃されていなくても共同防衛にあたる権利である。

※3 国際連盟の欠陥としてはこのほか、決定は単なる勧告でしかなく、軍事的措置がとれないこと、大国のアメリカが加盟しなかったことなどがある。

※4 アメリカ、ロシア、中国、イギリス、フランスからなる。理事会は大国一致の原則に基づいて運営される。

※5 常任理事国のうち1国でも反対すれば決議は成立しないとされる。この権利の行使により、冷戦時代には安全保障理事会の機能がしばしば停止した。

※6 近年では2022年、常任理事国であるロシアがウクライナへ侵攻したうえに拒否権を行使したことで、安全保障理事会が機能不全に陥ったため、緊急特別総会が招集され、決議が発せられた。

※7 軍事力を用いず、経済的復興や開発をはかることにより紛争の再発を防ぐ「平和構築」の方法がとられている。

※8 17の目標と169のターゲットで構成され、「地球上の誰1人として取り残さない」ことを誓っている。

⊞ 図表で整理

● 国家間の力関係

力関係	時期	しくみ
同盟による ❶⬚	17～19世紀のヨーロッパ	同盟により力を強めた陣営に対抗し，他の陣営も同盟を結ぶ。
❷⬚	第一次世界大戦後	違法に武力行使した国に対して，世界平和機構の全加盟国が制裁を行う。

● 国際連合の機構

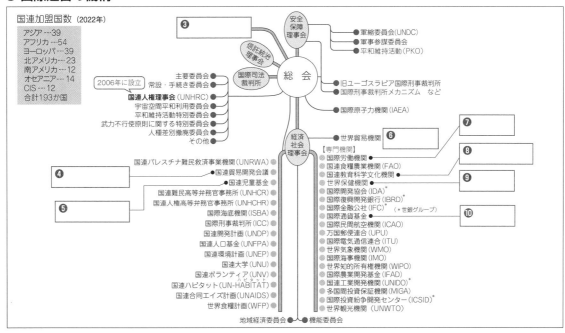

国連加盟国数（2022年）
アジア…39
アフリカ…54
ヨーロッパ…39
北アメリカ…23
南アメリカ…12
オセアニア…14
CIS…12
合計193か国

⊗ 正誤問題でチェック

内容の合っているものには○，誤っているものには×をつけよう。

① 安全保障理事会は，表決手続として全会一致制を用いる。 [　　]

② 信託統治理事会は，冷戦後の新たな信託統治地域の設定にともない，活動範囲を拡大している。 [　　]

③ 経済社会理事会と提携関係にある専門機関として，世界保健機関(WHO)や国際開発協会(IDA)などが設置されている。 [　　]

④ 国連貿易開発会議は，OECDを改組してつくった，先進国の経済協力の組織で，加盟各国の経済発展と貿易の拡大，発展途上国援助の促進と調整をはかることが目的である。 [　　]

⑤ 総会が機能停止に陥った場合には，安全保障理事会が特別会を開き，「平和のための結集」決議を採択することができる。 [　　]

⑥ 国際連合は，兵力引き離しなどによって紛争の拡大防止をはかるため，平和維持軍(PKF)を派遣する場合がある。 [　　]

⟨!⟩ 重要語句で整理

1 冷戦体制 出る

① **東西冷戦の始まり** 第二次世界大戦後，自由主義を掲げるアメリカ（西側陣営）と，共産主義を掲げるソ連（東側陣営）が対立。イギリスのチャーチル元首相は「鉄のカーテン」演説[※1]により，冷戦体制の始まりを告げた。

② **西側陣営の政策** 1947年以降，アメリカのトルーマン大統領によって，共産主義封じ込め政策である[❶　　　　　　　　　　][※2]が打ち出された。さらに，[❷　　　　　　　　　　]（NATO）を結成。

③ **東側陣営の政策** [❸　　　　　　　　　　]（国際共産党情報局）を結成。[❷]に対抗し，[❹　　　　　　　　　　]（WTO）を結成。

④ **平和共存へ** 朝鮮戦争，インドシナ戦争，ベトナム戦争などがおこり，冷戦は実際の武力衝突をともなう「熱戦」となる。核戦争の脅威[※3]が高まると，緊張緩和（[❺　　　　　　　　][※4]）が試みられた。

⑤ **多極化** 1960年代，東側陣営のなかで[❻　　　　対立][※5]が表面化。チェコスロバキアでは民主化運動がおこる[※6]。西側陣営ではフランスがNATOの軍事機構から脱退。欧州共同体（EC）によるヨーロッパ統合も始まる。

⑥ **「第三世界」** 1955年，インドネシアで[❼　　　　　　　　　　]（バンドン会議）が新興29か国によって開催され，平和十原則[※7]を採択して，非同盟中立の立場を表明した。これらの国々を「第三世界」とよぶ。

2 冷戦の終結

① **冷戦の終結** 1987年，米ソ間で中距離核戦力（INF）全廃条約が締結された。1989年の[❽　　　　　　　　]で，アメリカのブッシュ大統領，ソ連のゴルバチョフ書記長が，冷戦の終結を宣言。敗戦後のドイツを東西に分断していた「ベルリンの壁」が崩壊し，翌年には東西ドイツが統一。1991年，ソ連が解体し，[❾　　　　　　　　]（CIS）が発足。

② **冷戦後の世界** ヨーロッパでは，ECが[❿　　　　　　　]（EU）へ発展。太平洋周辺では，[⓫　　　　　　　][※8]（ASEAN）加盟国や日本もふくむ[⓬　　　　　会議]（APEC）の役割が増した。

③ **対テロ戦争** 2001年9月11日に[⓭　　　　　　　]が発生したアメリカは，単独行動主義（ユニラテラリズム）[※9]の傾向を強め，イラクを攻撃[※10]。

Point
▶冷戦体制…東西の対立。ドイツ，朝鮮半島の分断など
▶冷戦の終結…東西ドイツ統一，ソ連解体

[※1]
北はバルト海のシュテッティンから南はアドリア海のトリエステにいたるまで，ヨーロッパを縦断して鉄のカーテンが下ろされている。

[※2] ギリシャ，トルコの共産主義化を防ぐため，両国への経済・軍事援助の必要性を説いた。これとともに西ヨーロッパの戦後復興を支援するマーシャル・プランを打ち出した。

[※3] 1962年には，米ソが核戦争の危機に直面するキューバ危機が発生し，米ソ間でホットライン協定が結ばれた。

[※4] 1955年には，米英仏ソ首脳によるジュネーブ四巨頭会談を開催。米中関係も改善され，1979年に国交回復。

[※5] 1950年代末から国際共産主義運動の路線が対立した。

[※6] 「プラハの春」とよばれる。WTO軍に鎮圧された（チェコ事件）。

[※7] 1954年の平和五原則を発展させたもの。基本的人権と国連憲章の尊重，主権と領土の保全，人種と国家間の平等，内政不干渉など。

[※8] ASEAN加盟国に日本・中国・韓国を加えたASEAN＋3，これにさらにオーストラリア・ニュージーランド・インドなどを加えた東アジア首脳会議（EAS）も開催されている。

[※9] 他国との協調を無視する動き。

[※10] 2003年，国連の容認がないまま攻撃し，フセイン政権を崩壊させた（イラク戦争）。

🔲 図表で整理

● 第二次世界大戦後の国際政治

年	動き	年	動き
1945	第二次世界大戦の終結	1972	ニクソン大統領の
1946	チャーチル(イギリス)の「鉄のカーテン」演説		❻ _____ 訪問
1947	トルーマン・ドクトリンの発表	1973	第四次中東戦争
	コミンフォルムの設置	1975	第1回 ❼ _____
1948	❶ _____ 半島が南北に分断		(CSCE)の開催
1949	NATOの結成，中華人民共和国の成立	1979	米中国交正常化，ソ連の ❽ _____
1950	❶ 戦争		侵攻
1954	ジュネーブ協定でインドシナ戦争が休戦	1980	イラン・イラク戦争
1955	アジア・アフリカ会議，ワルシャワ条約機	1987	中距離核戦力(INF)全廃条約の調印
	構の結成，ジュネーブ四巨頭会談	1989	「❷ の壁」の崩壊，マルタ会談(冷戦終結)
1956	ハンガリー動乱	1990	東西 ❾ _____ の統一
1961	「❷ _____ の壁」の構築	1991	湾岸戦争，ワルシャワ条約機構の解体，南北
1962	❸ _____ 危機		朝鮮の国連加盟，❿ _____ の解体
1965	❹ _____ 戦争の激化	1992	ユーゴスラビアの解体
1966	フランスがNATOの軍事機構から脱退	1993	イスラエルとPLOの相互承認
1968	「❺ _____ の春」(チェコスロバキア)	2001	⓫ _____ で同時多発テロ
1969	中ソ国境紛争	2003	⓬ _____ 戦争
1971	中華人民共和国が国連代表権獲得	2010	中東・北アフリカの民主化運動
		2022	ロシアがウクライナへ侵攻

⊗ 正誤問題でチェック

内容の合っているものには○，誤っているものには×をつけよう。

① 東西両陣営の対立する冷戦期には，国連は，マーシャル・プランに基づき，米ソ間の緊張　[　　]
緩和をめざす努力を続けた。

② 西側陣営の軍事同盟である北大西洋条約機構(NATO)に対し，東側は，ワルシャワ条約機　[　　]
構(WTO)を設立した。

③ 相次いで独立を果たした旧植民地諸国は，バンドン会議で「平和十原則」を発表し，内政不　[　　]
干渉，国際紛争の平和的解決などを主張した。

④ 1980年代のチェコスロバキアで「プラハの春」がおこり，共産党政権が崩壊した。　[　　]

⑤ 1980年代のソ連で，ゴルバチョフ共産党書記長がペレストロイカやグラスノスチを提唱し，　[　　]
国内改革を推進した。

⑥ イラクのクウェート侵攻によって生じた湾岸危機に対して，アメリカは軍事行動をとらな　[　　]
かった。

36 核兵器と軍縮

[解答] 別冊p.20

⚠ 重要語句で整理

1 核兵器開発競争と軍縮 出る

① **「恐怖の均衡」** 第二次世界大戦末期，史上初の原子爆弾が広島と長崎に投下された。戦後もアメリカとソ連は，核報復の脅迫によって戦争の抑止をはかる[❶   論]に基づき，核兵器開発競争を続けた。さらに，イギリス，フランス，中国も核兵器保有国となる。

② **反核運動** 1954年のアメリカ水爆実験による第五福竜丸事件[※1]をきっかけに，[❷   運動]が高まる。翌年，広島で[❷]世界大会が開催。核廃絶へ向けて科学者たちの結集がよびかけられ(ラッセル・アインシュタイン宣言[※2])，1957年，カナダで[❸   会議]が開かれた。

③ **軍備管理の動き[※3]** 1963年には，アメリカ，ソ連，イギリス間で一部の核実験の禁止を定めた[❹   ](PTBT)を，1968年には核保有国の拡大を防ぐ[❺   ※4](NPT)を締結。その後，戦略兵器制限条約(1972年にSALT I，1979年にSALT II)が米ソ間で調印された。1978年には[❻国連   ]が開かれた。1987年には[❼   ※5 条約]が結ばれた。

2 冷戦終結後の軍縮

① **20世紀の核軍縮** 冷戦終結後，配備済みの戦略核の一部を廃棄する[❽   条約](START I=1991年，START II=1993年，未発効)を，米ソ間で締結。NPTの再検討を進め，1996年に国連総会で，爆発をともなう核実験を全面的に禁止する[❾   ※6](CTBT)を採択した。

② **21世紀の核軍縮** 米ソは2002年の[❿   ](モスクワ条約)で，戦略核兵器の核弾頭数を約3分の1に削減することに合意。2010年には，START Iの失効を受け，新START[※7]を締結。2017年には核兵器の保有・使用を法的に禁止する[⓫   ]が採択。

③ **非核兵器地帯条約** 域内諸国の核兵器の使用，核保有国による核兵器の使用などを禁じた[⓬   ※8]が拡大している。

④ **通常兵器の規制** 1997年に[⓭   条約]が，2008年に[⓮   条約]が採択された。

Point

▶ 冷戦期の核軍縮…PTBT, NPT, SALT I・II, INF全廃条約

▶ 冷戦後の核軍縮…START I・II, CTBT

※1 アメリカが太平洋のビキニ環礁で行った水爆実験により，日本のマグロ漁船第五福竜丸が被曝した。

※2 イギリスの思想家ラッセルとアメリカの物理学者アインシュタインのよびかけに応じて，世界の科学者が集まり，核兵器の危険性と科学者の責任について話し合った。

※3 軍備を縮小する「軍縮」とは異なり，国どうしの交渉によって軍備の増強をおさえ，安定した力関係を確保しようとする試み。

※4 核保有国(アメリカ，ソ連，中国，イギリス，フランス)以外の国が，核兵器保有国となることを禁じ，国際原子力機関(IAEA)による原子力の軍事転用を防ぐための査察実施などを定めた。

※5 初の核軍縮を定めた条約。

※6 1998年に核実験を行ったインド，パキスタン，北朝鮮が未署名である。

※7 新戦略兵器削減条約。START Iの失効後とだえていた核査察を再開した。ただし，核戦力の保有数そのものを削減するのではなく，配備数を規定した条約。戦略核弾頭の削減に加え，運搬手段を制限した。

※8 これまで中・南アメリカ，南太平洋，東南アジア，アフリカ，中央アジアの各地域で結ばれた。モンゴルは一国で宣言している。

⊞ 図表で整理

● 軍縮・平和運動の歴史

年	動き	年	動き
1946	国際連合が軍縮大憲章を採択	1978	第1回国連軍縮特別総会
1950	原子力兵器絶対禁止の署名運動	1979	第2次戦略兵器制限条約（❺ Ⅱ）調印
1954	アメリカがビキニ環礁で ❶ ____ 実験，第 五福竜丸が被曝する	1987	米ソが中距離核戦力（INF）全廃条約調印
		1990	欧州通常戦力（CFE）条約調印
1955	ラッセル・❷ ____ 宣言，第1 回原水爆禁止世界大会	1991	戦略兵器削減条約（❻ ____ Ⅰ）調印
		1993	アメリカ，ロシアが❻ Ⅱ調印
1957	パグウォッシュ会議	1996	包括的核実験禁止条約（❼ ____）採択
1963	アメリカ・ソ連・❸ ____ が部分的核 実験禁止条約に調印	2002	アメリカ，ロシアが戦略攻撃兵器削減条約調印
		2010	アメリカ，❽ ____ が新戦略兵器削減 条約（新START）調印
1968	核拡散防止条約（❹ ____）調印		
1972	米ソが第1次戦略兵器制限条約 （❺ ____ Ⅰ）調印	2017	❾ ____ の採択
		2019	INF全廃条約が失効

● 核保有国と非核地帯

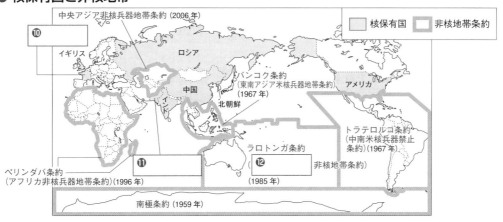

中央アジア非核兵器地帯条約（2006年）
❿
イギリス
核保有国　非核地帯条約
ロシア
中国
バンコク条約（東南アジア非核兵器地帯条約）（1967年）
北朝鮮
アメリカ
トラテロルコ条約（中南米核兵器禁止条約）（1967年）
ラロトンガ条約（____ 非核地帯条約）（1985年）⓬
⓫
ペリンダバ条約（アフリカ非核兵器地帯条約）（1996年）
南極条約（1959年）

⊗ 正誤問題でチェック

内容の合っているものには〇，誤っているものには×をつけよう。

① アメリカのオバマ大統領のよびかけで，核兵器廃絶をめざすパグウォッシュ会議が開催された。　[　　]

② 核拡散防止条約では，国家間の力関係を均衡させることで，侵略を相互に抑制する立場に基づき，各締約国が保有できる核戦力の上限を設定する取り決めがなされた。　[　　]

③ 米ソ間の戦略兵器制限交渉（SALT）は，保有する核兵器の廃棄もしくは削減を取り決めたものではなく，戦略攻撃兵器や戦略核兵器運搬手段の保有に上限を設定したものであった。　[　　]

④ 非核地帯を設定する条約は，ラテンアメリカ，西アジア，東南アジアなどの各地域で採択された。　[　　]

37 国際紛争と難民

⚠ 重要語句で整理

1 民族の排斥と融和 出る

① **民族主義・人種主義** 南アフリカ共和国で[❶ 　　　　　 ※1]と
よばれる人種隔離政策が行われてきたが，1994年に撤廃。西アジアの
複数の国々にわたって分布する[❷ 　　　　 ※2人]のように，国家を形成
できない民族も残されている。

② **多民族国家の解体** 1990年代初め，ソ連と[❸ 　　　　 ※3]の
解体によって民族対立がおこり，本国から離れる難民が大量に発生した。

③ **難民の保護** 国際連合は，難民の地位に関する条約(難民条約)を採択
し，[❹ 　　　　　 事務所](UNHCR)を設置した。難民条
約の締約国は，迫害のおそれのある国への難民の送還を禁止される
([❺ 　　　　 ※4の原則])。近年は内戦などにより，国内
で避難生活を送る国内避難民※5も増加。

④ **新しい排外主義** 民族的・文化的少数者([❻ 　　　　　　　])を排
除しようとする[❼ 　　　　　　　](エスノセントリズム)が，世
界各所でみられる。

⑤ **多民族国家の政策** 異なる文化を尊重しあう[❽ 　　　　　　](マル
チカルチュラリズム)を掲げ，公用語の複数化や母語による教育を進める。

2 地域紛争

① **冷戦終結後の紛争** 冷戦が終結すると，米ソが支配していた旧秩序が
崩壊し，[❾ 　　　　 紛争]・民族紛争が各地で噴出した。

② **ユーゴスラビア** ボスニア・ヘルツェゴビナや[❿ 　　　　 自治州]
などで武力抗争が続いた。

③ **アフリカ** 絶対的貧困を背景とする部族間紛争が，[⓫ 　　　　　　　]
やソマリアで発生した。

④ **ロシア** ソ連解体後，[⓬ 　　　　　　　]などで独立をめざした紛争
が激化した。

⑤ **シリア** 「アラブの春」の影響を受けて民主化運動が高まると，独裁政
権と反政府勢力の間で内戦が始まった。この結果，大量の難民が欧州へ
流入し，[⓭ 　　　　 危機]が発生した。

Point
▶民族対立…多民族国家の解体→難民発生→UNHCRによる保護
▶冷戦終結後の紛争地…旧ソ連，旧ユーゴスラビア，アフリカなど

※1 南アフリカ共和国の人口
の約14%にすぎない白人が，
黒人やアジア系などの非白人を
差別した政策。白人居住地域で
の有色人種の居住などが制限さ
れた。

※2 シリア，トルコ，イラン，
イラク，アルメニア，グルジア，
アゼルバイジャン，トルクメニ
スタンにまたがる山岳地帯に分
布する民族。国家をもたない民
族集団としては世界最大である。

※3 1991年にスロベニアとク
ロアチアが独立を宣言し，内戦
が始まった。

※4 難民条約第33条に定め
られている。

> 締約国は，難民を，いかな
> る方法によっても，人種，
> 宗教，国籍もしくは特定の
> 社会的集団の構成員である
> ことまたは政治的意見のた
> めにその生命または自由が
> 脅威にさらされるおそれの
> ある領域の国境へ追放しま
> たは送還してはならない。

※5 紛争や迫害などによって
母国から逃れ，すでに難民と
なっているが，避難先では保護
を受けられない人々を，
UNHCRの指導の下，第三国が
定住先として受け入れる制度を
第三国定住という。日本でも
2010年以降，ミャンマー政府
から迫害を受けてタイへ逃れた
カレン族の難民の受け入れを始
めた。

⊞ 図表で整理

● 第二次世界大戦後の地域紛争

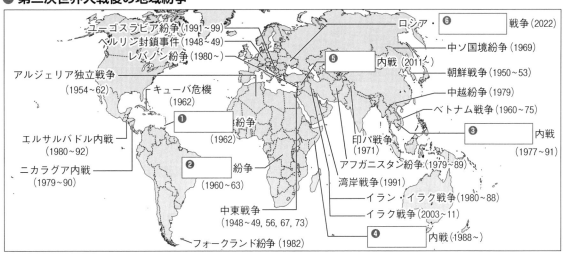

● 地域規模の安全保障機構

機構	設立年	活動
❼ _____ (OAS)	1951年	アメリカ，カナダ，全中南米の33か国加盟。共同防衛などの安全保障，経済・社会面の協力をめざしている。
❽ _____ (OSCE)	1994年	ソ連の提唱により，アルバニアを除く全ヨーロッパ諸国とアメリカ，カナダを加えた35か国が，1975年に欧州安全保障協力会議(CSCE)を開催。1994年よりOSCEに改称した。
❾ _____ (ARF)	1994年	ASEAN加盟国と，アメリカ，韓国，日本，中国などの27の国・地域・機関が参加。アジア太平洋地域の安全保障をはかる。
❿ _____ (AU)	2002年	アフリカの政治・経済統合と紛争の予防をめざす。1963年設立のアフリカ統一機構(OAU)を改組して発足。

⊗ 正誤問題でチェック

内容の合っているものには○，誤っているものには×をつけよう。

① 難民条約は，冷戦終結後に国連総会で採択された。　　　　　　　　　　　　　　　　[　　]

② 旧ユーゴスラビアで最初に独立を宣言したのは，モンテネグロである。　　　　　　　[　　]

③ ルワンダでは，少数派民族のフツ族に対して，多数派民族のツチ族が対抗して内戦となり，　[　　]
　虐殺されたフツ族が80～100万人に達したとされている。

④ 多文化主義は，民族的・文化的少数者(マイノリティ)を利益集団の1つとみなして，差別　[　　]
　されている文化集団が選挙で多数票を獲得することによって，多文化政策が推進されること
　を奨励する。

⑤ ASEAN地域フォーラム，アフリカ連合などに見られるように地域レベルでの安全保障の　[　　]
　取り組みが活発化した。

38 国際政治と日本

⚠ 重要語句で整理

1 戦後の日本外交 出る

① **国際社会への復帰** 1945年, 連合国の[❶   ]を受諾し

て降伏した日本は, 1951年に連合国と[❷   条約]

を結び, 翌年に独立を回復。[❷]と同時に[❸   条約]を

結び, 他国が日本の領土を攻撃してきた際, 共同で対処することを約束。

② **国際連合への加盟** 1956年, [❹   ]の調印によりソ連

との国交を回復し, 国連への加盟を果たす。

③ **日本外交の三原則** 戦後の日本は, 国連中心主義, [❺   ※1   諸国]

との協調, [❻   ]の一員としての立場の堅持を掲げた。

④ **アジア諸国への責任と協力** 戦争で損害をあたえた国に対し, 無償援

助や[❼   ※2   ]支払いを行った。1965年には[❽   条約]

を結び, 大韓民国を朝鮮半島にある唯一の合法政府と認めた。さらに,

1972年, [❾   ]の調印で中国と国交を樹立, 1978年に

は日中平和友好条約を締結した。

2 日本の安全保障と課題

① **対ロシア** ソ連解体後も, [❿   ※4   問題]が未解決のままである。

② **対アジア諸国** 朝鮮半島における分断状況は, 東アジアの安全保障を

不安定なものとしている。日本固有の領土のうち, 韓国は竹島, 中国は

尖閣諸島について, 領有を主張している。北朝鮮による日本人

[⓫   ]問題では, 2002年の日朝首脳会談により一部被害者が帰国。

③ **課題** 日本の軍事支出の大きさは世界でも上位である。※5 平和憲法を守

りつつ, 非軍事的な安全保障をはかることをめざす。日米の同盟関係は,

日本の集団的自衛権の容認でより強固に。

④ **国際貢献** 歴史的反省に根ざし, 「[⓬   の安全保障※6]」の考えに基

づく貧困の解決, 紛争の防止などに努めなければならない。

⑤ **国際社会の変化** 国家間の経済的交流が進む。モノ・カネ・人による

国境を越えた移動が加速し, 各国が互いに頼りあう[⓭   ]が

深まり, 地球市民社会が意識されてきている。

Point

▶**日本外交の3原則**…国連中心主義, 自由主義諸国との協調,

アジアの一員としての立場の堅持

▶**国際協調**…アジア地域の安全保障,「人間の安全保障」の考えに基づく援助

※1 国民主権に基づく民主主義, 財産権などの自由権に基づく資本主義を支える考えをもつ国々。

※2 フィリピン, 南ベトナム, インドネシア, ビルマ(現ミャンマー)との間には, 国家から国家への形で賠償を行う賠償協定を結んだ。これ以外の国は賠償請求権を放棄したので, 経済支援を行った。

※3 1990年代に入ると, 中国・韓国などから, 元従軍慰安婦や強制連行労働者に対する戦後補償を求める訴訟が, 日本政府に対しておこされるようになった。

※4 歯舞群島, 色丹島, 国後島, 択捉島をめぐる問題。

日ソ共同宣言第9項

> ソ連との平和条約締結後に, 歯舞群島及び色丹島を日本に引き渡すことに同意する。

※5 国防支出は, アメリカ, 中国, インド, ロシア, イギリスの順に大きく, 日本は世界第9位となっている(2020年)。

※6 国連の設立した人間の安全保障基金を通じて, 日本は世界の人々を守るための支援を行っている。

⊞ 図表で整理

● 第二次世界大戦後の日本の外交・安全保障

年	動き	年	動き
1945	日本がポツダム宣言を受諾し敗戦	1965	日韓基本条約を結び，❻□□□□を朝鮮半島にある唯一の合法政府と認める
1950	❶□□□□戦争をきっかけに警察予備隊発足	1972	❼□□□□がアメリカから日本へ返還
1951	サンフランシスコ平和条約，日米安全保障条約を締結		日中共同声明により❽□□□□との国交を樹立
1954	自衛隊が発足	1978	❽との間で❾□□□□に調印
1955	関税と貿易に関する一般協定（❷□□□□）に加盟	1992	自衛隊がカンボジアでのPKOに参加
1956	日ソ共同宣言により❸□□□□との国交を回復し，❹□□□□へ加盟	1995	村山首相が❿□□□□諸国の戦争被害に対し謝罪の意を表明
1960	日米相互協力及び安全保障条約に調印	2002	日朝首脳会談
1964	経済協力開発機構（❺□□□□）に加盟	2003	有事法制関連3法が成立

● 日本の領域

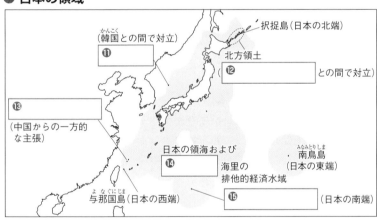

- 択捉島（日本の北端）
- （韓国との間で対立）⓫
- 北方領土 ⓬（　　との間で対立）
- ⓭（中国からの一方的な主張）
- 日本の領海および ⓮　　海里の排他的経済水域
- 南鳥島（日本の東端）
- 与那国島（日本の西端）
- ⓯（日本の南端）

⊗ 正誤問題でチェック

内容の合っているものには○，誤っているものには×をつけよう。

① 日本は東南アジア諸国と賠償協定を結び，東南アジアに対する外交を進めた。　　　　　[　　]

② 日本は日ソ中立条約の締結によって，ソ連との国交を回復した。　　　　　　　　　　　[　　]

③ 日本は日韓基本条約を締結し，韓国政府を朝鮮半島にある唯一の合法政府と認めた。　　[　　]

④ 増加する日本の防衛関係費を抑制するため，防衛関係費はGNPの1％以内とする原則が，　[　　]
1987年に中曽根内閣によってつくられた。

⑤ 有事法制関連7法の1つであるPKO協力法に基づき，自衛隊が海外派遣されており，イラ　[　　]
クにおける復興支援にもたずさわった。

⑥ 発展途上国に支援を行うため，自衛隊の組織として青年海外協力隊がある。　　　　　　[　　]

1 〈国際社会と国際法，国際連合と国際協力〉
次の文を読み，あとの問いに答えなさい。　〔(2)7点，他各4点　計47点〕

今日の国際社会の原型は，1648年に三十年戦争を終結させた①□□□□会議において，各国の主権の独立と平等が確認されたことで形成された。国民や民族の統合をはかることを目的とした，自国・自民族本位の考え方を②□□□□といい，第一次世界大戦後には，アメリカ大統領ウィルソンが，十四か条の平和原則において，ある民族が，他の民族や国家の干渉を受けずに政治のあり方を決定する③□□□□の原則を示した。国際社会が形成されると，その秩序を維持し，主権国家間の紛争を解決するルールとして国際法が発達した。

オランダの自然法学者④□□□□は，『戦争と平和の法』を著し，国家間の関係にも，自然法に基づく法が存在するとして，国際法の必要性を訴えた。国際法は，長年にわたって国家間で慣習として行われてきた⑤□□□□と，国家間での約束を文書にして確認した条約（成文国際法）とに大別される。国際法は当初，統一的な立法機関や法を強制するための機関をもたなかったので，主権国家に対する拘束力は弱かった。そこで，19世紀末以降，紛争の平和的解決のために，国際法に基づいた司法的解決の制度が発達し，さらに，国際社会をより組織化し，国際機構による⑥□□□□安全保障のしくみが発展した。1920年に発足した国際連盟は，史上初の普遍的国際機構だったが，a国際紛争の解決には十分な成果をあげることができず，国際機構による平和と安全という考えは，国際連合へ受け継がれた。

1945年，サンフランシスコ会議で⑦□□□□が採択され，国際連合が発足した。その第1条によれば，国際連合の目的として，国際の平和および安全を維持すること，経済的・社会的・文化的または人道的な性質を有する問題を解決するため国際協力を達成することなどがあげられている。この目的を達成するための国際連合の主要機関として，安全保障理事会，b総会，経済社会理事会，信託統治理事会，⑧□□□□，事務局がおかれている。

(1) ①～⑧にあてはまる語句を，ア～セから1つずつ選びなさい。
ア　カント　　イ　内政不干渉　　ウ　国際司法裁判所　　エ　集団
オ　民族自決　　カ　人間の　　キ　ユトレヒト　　ク　国連憲章
ケ　国際人権規約　　コ　ウェストファリア　　サ　国際刑事裁判所
シ　国際慣習法　　ス　ナショナリズム　　セ　グロティウス

(2) 下線部aの理由を，議決方法の面から簡単に書きなさい。
(3) 下線部bによって設立された機関のうち，発展途上国への援助にあたる機関を，ア～エから2つ選びなさい。
ア　UNDP　　イ　ILO　　ウ　WHO　　エ　UNCTAD（アンクタッド）

2 〈国際政治の動向，核兵器と軍縮〉
次の文を読み，あとの問いに答えなさい。　〔各4点　計28点〕

第二次世界大戦後まもなく表面化したa東西冷戦は，両陣営の軍拡競争を激化させ，アメリカとソ連は核実験を繰り返して核兵器の保有数と高性能化を

1
(1) ①＿＿＿＿＿＿
　　②＿＿＿＿＿＿
　　③＿＿＿＿＿＿
　　④＿＿＿＿＿＿
　　⑤＿＿＿＿＿＿
　　⑥＿＿＿＿＿＿
　　⑦＿＿＿＿＿＿
　　⑧＿＿＿＿＿＿
(2)＿＿＿＿＿＿＿＿
　＿＿＿＿＿＿＿＿
　＿＿＿＿＿＿＿＿
(3)＿＿＿＿＿＿＿＿

❓ヒント
(1)①初の本格的な多国間条約が結ばれた国際会議。
③現代では1990年代のバルト三国の独立，ユーゴスラビアの解体に代表される。
⑤国際司法裁判所はこれを，「法として認められた一般慣行の証拠としての国際慣習」と定義。
⑦第51条で集団的自衛権の行使を認めている。
(2)国際連盟は第二次世界大戦の発生を防げず，第二次世界大戦中にはほとんど機能を失っていた。
(3)ほかに国連児童基金（UNICEF（ユニセフ）），国際農業開発基金（IFAD），国連工業開発機関（UNIDO）などが，発展途上国の援助にあたっている。

2
(1) ①＿＿＿＿＿＿
　　②＿＿＿＿＿＿

競った。さらに，1960年代には現在の国際連合安全保障理事会の常任理事国がすべて核保有国となった。1962年の①□□□危機の際には，米ソ両国は核戦争の可能性を探ったといわれる。

 b これらの事件は結果的に，国際的な核兵器の規制を後押しすることになった。1968年には②□□□条約が採択され，核保有国を5か国に限定し，それ以外の国が核兵器を製造・受領・取得することが禁止された。1996年には，あらゆる核実験を禁止する③□□□条約が国連総会で採択された。他方，核兵器の製造や取得のみならず，他国による配備も地域的に制限する試みとして，④□□□を設ける動きも南半球を中心に顕著である。こうした努力の一方で，③□□□条約未署名のインド，パキスタン，北朝鮮による核実験の実施や，イランによる核開発疑惑など，現実には核拡散への懸念は大きい。一方2009年，アメリカの⑤□□□大統領は「核兵器なき世界」をめざすことを宣言した。

(1) ①～⑤にあてはまる語句を，ア～クから1つずつ選びなさい。

　ア　非核地帯　　イ　包括的核実験禁止　　ウ　プラハ
　エ　核拡散防止　　オ　オバマ　　カ　部分的核実験禁止
　キ　ブッシュ　　ク　キューバ

(2) 下線部aについて，東側陣営による政策・機構を，ア～エから1つ選びなさい。

　ア　マーシャル・プラン　　イ　NATO（ナトー）
　ウ　コミンフォルム　　エ　トルーマン・ドクトリン

(3) 下線部bについて，1960年代に東西両陣営が歩み寄り，冷戦が緩和（かんわ）された動きのことを何というか。

---

3 〈国際紛争と難民，国際政治と日本〉
次の文を読み，あとの問いに答えなさい。　〔(1)各3点，他各4点　計25点〕

　1951年，①□□□平和条約によって日本が主権を回復すると同時に a 日米安全保障条約が締結（ていけつ）された。さらに，1956年には②□□□との国交を回復し，国際連合への加盟が認められた。1960年，日本は新安保条約に調印し，b アジアにおける反共軍事・経済同盟は維持された。1972年には③□□□県が日本に復帰したが，在日米軍基地の多くが，なおこの県に存在している。冷戦終結後，在日米軍は反共のためではなく，広範囲な c アジア・太平洋の政治的不安に対処することになった。1997年には新ガイドラインが決定されて米軍再編も提示され，さらに2015年の改定では地球規模の協力に拡大された。

(1) ①～③にあてはまる語句を，ア～カから1つずつ選びなさい。

　ア　中華人民共和国　　イ　パリ　　ウ　沖縄　　エ　ソ連
　オ　サンフランシスコ　　カ　鹿児島

(2) 下線部aは，日本外交の三原則のうち，どの原則に関わるものか。

(3) 下線部bについて，日本に対する賠償（ばいしょう）請求権を放棄（ほうき）した国としてあてはまらないものを，ア～エから1つ選びなさい。

　ア　フィリピン　　イ　シンガポール　　ウ　インド　　エ　中国

(4) 下線部cについて，次の①・②にあてはまる国名を書きなさい。

　①　第三国定住の制度により，日本が2010年から試験的に難民を受け入れた。
　②　島根県に属する竹島（たけしま）を，国際法上の根拠なく不法に占拠（せんきょ）し続けている。

---

③ ＿＿＿＿＿＿＿＿
④ ＿＿＿＿＿＿＿＿
⑤ ＿＿＿＿＿＿＿＿
(2) ＿＿＿＿＿＿＿＿
(3) ＿＿＿＿＿＿＿＿

❓ヒント

(1)①ソ連の核ミサイル基地の設置に対して，アメリカがその撤去を求めた。
③この条約の下で国際監視制度が設けられ，核実験を24時間体制で監視している。
⑤「核兵器なき世界」をめざす理念が評価され，2009年のノーベル平和賞を受賞した。

(2)1947年に結成された，共産党の連携（れんけい）組織である。

(3)フランス語で「緩（ゆる）める」を意味する言葉。

3

(1) ① ＿＿＿＿＿＿
　② ＿＿＿＿＿＿
　③ ＿＿＿＿＿＿
(2) ＿＿＿＿＿＿
(3) ＿＿＿＿＿＿
(4) ① ＿＿＿＿＿＿
　② ＿＿＿＿＿＿

❓ヒント

(1)①日本からは吉田茂（よしだしげる）首相が，首席全権として出席した。
②両国間の戦争状態は終結したが，平和条約の締結には至らなかった。
③ベトナム戦争の影響を受け，1960年代から祖国復帰運動が高まっていた。

(4)①カレン族，モン族などの少数民族が軍事政権と対立し，多くの難民が発生した。

10章 現代の国際経済

39 貿易と国際収支

[解答] 別冊p.21

⚠️ 重要語句で整理

1 貿易と国際収支 出る

① **比較生産費説** イギリスの経済学者[❶　　　　　　　]は，財貨のすべてを国内生産でまかなう[❷　　　　　　経済]より，国際分業を行うほうが国の利益になると説いた。

② **国際分業** 先進工業国間で工業製品を輸出し合う[❸　　　　分業]と，先進工業国が工業製品に，発展途上国が原材料に特化(特定化)して輸出し合う[❹　　　分業]がある。[❶]の主張は，貿易に対する国家の介入を否定する[❺　　　　貿易]に理論的根拠をあたえた。

③ **後進国の貿易政策** ドイツの経済学者リストは，後進国は国内産業の保護を目的とする[❻　　　貿易]を行うべきだと主張した。

④ **国際収支** 国際間の経済取引を貨幣額で示したもの。財・サービスなどの取引である[❼　　　収支]と，債務免除などの資本移転等収支，国際的な資金の流れを表す[❽　　　収支]からなる。[❽]は，海外の現地工場建設などの直接投資，海外の債券・株式の購入などの証券投資，金融派生商品，政府が持つドル・金・外国の国債などの[❾　　　　　　]の項目で構成されている。

2 外国為替相場

① **国際間取引の決済** 外国為替手形を用いて決済される。通貨どうしの交換比率を[❿　　　　　](為替レート)という。需要と供給によって交換比率が変動する制度は，変動為替相場制という。

② **外国為替市場** 銀行間のインターバンク市場と，銀行・個人などの間で取り引きする対顧客市場からなる。中央銀行はインターバンク市場に介入し，通貨を売買して[❿]を安定させる([⓫　　　　　　]=平衡操作)。

③ **為替相場の変動** 1ドル=100円から1ドル=90円になるような変動を，ドル安・[⓬　　　　]，1ドル=90円から1ドル=100円になるような変動を，ドル高・[⓭　　　]という。

Point
▶貿易の形態…自由貿易⇔保護貿易
▶外国為替相場…円高(輸出に不利)⇔円安(輸入に不利)

※1 国ごとに他の財に比べて安く生産できる財の生産に特化して，その財を貿易し合うことにより，資源・労働力・資金を有効に使うことができること。

※2 旧植民地と旧宗主国との間の貿易に典型的に見られた。旧植民地の独立後の工業化によって，水平的分業が進んだ。現在は同じ産業内で，各国間で部品を融通し合う工程間分業もさかんになってきている。

※3 当時のドイツは農業国であったため，輸入品にかけられる関税を引き上げたり，輸入数量を制限・割り当てたりすることによって，政府が貿易に介入し，輸入制限を行った。

※4 貿易・サービス収支，第一次所得収支，第二次所得収支からなる。

※5 ある国が外国に保有する資産(対外資産)と外国がその国に保有する資産(対外負債)との差額のこと。

※6 為替差益を目的とする投機的資金の動きが，為替相場に大きな影響をあたえるようになっている。

※7 2022年には日米の金利格差などを背景にこの動きが急加速し，輸入品の値上がりなどをもたらした。

🔲 図表で整理

● 国際収支の内訳

経常収支	❶	貿易収支…輸出，輸入
		サービス収支…運輸，旅行，金融，保険など
	❷	投資収支(利子や配当など)，雇用者報酬
	第二次所得収支	無償資金援助，国際機関拠出金，労働者の送金など
資本移転等収支		債務免除，インフラ無償援助など
金融収支	❸	企業の設立，買収
	❹	株式，債券の売買
	金融派生商品	先物などのデリバティブ取引
	外貨準備	政府が持つ金や外国通貨

● 円高の影響

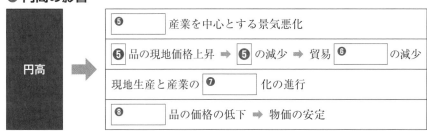

円高 ➡	❺ 産業を中心とする景気悪化
	❺ 品の現地価格上昇 ➡ ❺ の減少 ➡ 貿易 ❻ の減少
	現地生産と産業の ❼ 化の進行
	❽ 品の価格の低下 ➡ 物価の安定

⊗ 正誤問題でチェック

内容の合っているものには○，誤っているものには×をつけよう。

① リストは，経済を発展させるためには，規制を緩和して市場での自由な取引に任せること　[　　]
が必要であると強調した。

② 日本のサービス収支は恒常的に赤字であるが，輸送や旅行の部門は黒字が続いている。　[　　]

③ 資本収支は，均衡状態から対外直接投資が増えると，赤字になる。　[　　]

④ アメリカ経済にとって，ドル安の進行は，輸入品の価格を引き下げる要因となるため，物　[　　]
価下落要因となる。

⑤ 円高・ドル安になると，日本製品のドル表示価格が下がり，外国製品の円表示価格が上が　[　　]
るので，輸出が増え輸入が減って，純輸出は増える。

⑥ ドル安の進行は，アメリカ企業の輸出競争力を強める要因となる。　[　　]

⑦ アメリカの経常赤字が大幅に増大していても，経常赤字を上回る海外からの資本流入があ　[　　]
れば，ドル安が進行するとは限らない。

40 国際経済体制の変化

⚠ 重要語句で整理

1 戦後の自由貿易体制 出る

① **国際経済秩序の再建** 1944年，ブレトン・ウッズ協定に基づき，IBRD（国際復興開発銀行）と [❶　　　　　　]（国際通貨基金）を設立。1948年に [❷　　　　　　]（関税と貿易に関する一般協定）が発足し，自由貿易，多角主義，[❸　　　　最恵国待遇]を理念に掲げる。

② **IMF-GATT 体制** 戦後の国際経済秩序。米ドルを基軸通貨とし（金・ドル本位制），米ドルとの交換比率を一定に固定した（固定為替相場制）。

③ **ドルへの信用不安** アメリカは，ベトナム戦争などで支出が増えてドル危機を迎える。1971年に，ニクソン大統領が金・ドル交換を停止する宣言を出した（[❹　　　　　　　　]）。

④ **国際通貨体制の変容** 1971年のスミソニアン協定で平価調整が行われたが結実せず，1973年に [❺　　　　　　制] へ移行。金の代わりに [❻　　　　]（特別引き出し権）の役割が拡大。

2 多様化する世界経済

① **南北の格差** モノカルチャー経済から脱却できない発展途上国と，自由貿易の恩恵を受けた先進工業国の間に，[❼　　　問題] が発生。国連貿易開発会議（UNCTAD）を中心に一般特恵関税，国際商品協定などの整備が進められ，保護貿易の下，発展途上国の工業化が進む。発展途上国のなかでも，産油国と後発発展途上国の間に経済格差が発生した（[❽　　　問題]）。

② **発展途上国の多様化** 資源ナショナリズムの高まりを受けて，国連資源特別総会において [❾　　　　]（新国際経済秩序）の樹立を宣言。

③ **新興経済諸国** 工業化に成功した発展途上国を [❿　　　　]（新興工業経済地域）という。そのうち，韓国，台湾，香港，シンガポールは，[⓫　　　　政策] が成果を上げる。中国も急速な経済発展。

④ **新しい国際機関の発足** [❷] の多国間交渉は，東京ラウンド，ウルグアイ・ラウンドを経て，知的財産権などの新たなルールを策定した。1995年，[❷] は紛争処理手続きを強化して [⓬　　　　]（世界貿易機関）に移行。

Point
▶戦後の国際経済秩序…IMF-GATT 体制
▶発展途上国の経済…南北・南南問題，NIEO（新国際経済秩序）

※1 1930年代の世界的不況のなかで金本位制が崩壊し，主要国は閉鎖的なブロック経済を形成，第二次世界大戦をまねく要因の1つとなった。
※2 通商条約を結んだ国どうしが，関税や事業活動について第三国にあたえた待遇より不利にならないよう，待遇をあたえ合うこと。

※3 各国の通貨を米ドルに対して切り上げた（円は1ドル＝360円から308円へ切り上げ）。
※4 国際収支の赤字で対外支払準備が不足した場合，IMFへの出資額に応じて他のIMF加盟国から外貨を引き出す権利。
※5 農産物や鉱産物などの一次産品に特化した経済。
※6 石油危機を経て，1975年から主要国首脳会議（サミット）を毎年開催するようになった。

※7 OPEC（石油輸出国機構）などが，自国資源の恒久的主権を求めた。
※8 天然資源に対する恒久主権の確立，一次産品の貿易条件の改善などを実現するよう要求した。
※9 それまでの，工業製品の輸入を停止して工業製品の国産化をめざす輸入代替工業化政策を改めた。
※10 2000年代以降の急速な経済発展により，世界第2の経済大国になった。「世界の工場」「世界の市場」ともよばれる。政治的な存在感も増している。

📊 図表で整理

● 円相場の推移

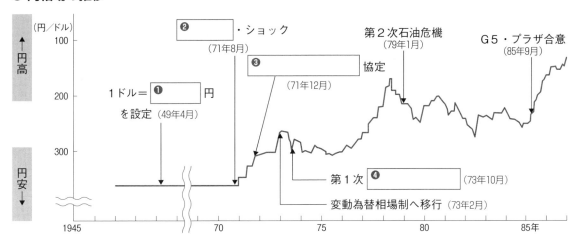

● GATTとWTOの比較

	GATT	WTO
形態	❺ [ ] 協定	❻ [ ] 処理手続きを強化した国際機関
対象	物品，サービス，知的財産権など	発展途上国の開発，環境なども交渉
違反国への報復	全会一致制で決定 （当事国が反対すれば実施できない）	全加盟国による反対以外は実施できる
おもな交渉	❼ [ ]・ラウンド（1964〜67年） 　…関税率の一括引き下げなど ❽ [ ] ラウンド（1973〜79年） 　…非関税障壁の低減 ❾ [ ]・ラウンド（1986〜94年） 　…農業分野，知的財産権のルール策定	❿ [ ]・ラウンド（2001年〜） 　…貿易を通じた発展途上国の開発（2011年 　　交渉休止）

⊗ 正誤問題でチェック

内容の合っているものには○，誤っているものには×をつけよう。

① 金・ドル交換停止により，変動為替相場制から固定為替相場制へ変更する国が相次いだ。　[　　]

② SDR（特別引き出し権）の価値は創出以来，1SDR＝1米ドルと定められている。　[　　]

③ キングストン合意において，変動為替相場制が承認されるとともに，金に代わってSDRの　[　　]
役割を拡大することが取り決められた。

④ 発展途上国にとって不利にならない国際経済の構造を実現するために，NIEO（新国際経済　[　　]
秩序）の樹立に関する宣言の採択が促された。

⑤ WTOは，ブレトン・ウッズ協定に基づき設立された，多角的貿易協定の実施を目的とする　[　　]
国際機関である。

41 グローバル化する国際経済

⚠ 重要語句で整理

1 世界経済の一体化

① **地球規模の一体化** 20世紀後半，ヒト・モノ・カネの国境を越えた移動が活発化し，貿易・[❶   ※1]・金融の３つの局面から経済の[❷   化]が進んだ。

② **世界標準のルール** [❶]に対する規制緩和と，投資家を保護するための基準である[❸   ]の確立により，多国籍企業の事業展開が活発化した。

③ **国際金融市場の成長** [❹   ※2]とよばれる金融派生商品が急成長。経済の金融化が進み，カジノ資本主義を生み出した。ICTの進歩によりデータを取り扱う[❺   貿易]も活発化。

2 広がる経済危機 出る

① **1990年代の通貨危機** [❻   ※4]とよばれる投資信託が，富裕層や企業から大口の資金を集め，ハイリスク・ハイリターンの運用を行う。こうした金融業者の投機的売買が株式・不動産価格の乱高下をもたらし，1997年には[❼   危機]を引きおこす。

② **アメリカ発の危機** 2000年にアメリカでITバブルが崩壊すると，金融緩和が進み，住宅バブルが発生。低所得者向けの住宅ローンである[❽   ※5]が証券化されたが，不良債権化。

③ **世界金融危機※6** 2008年になると，大手の投資銀行が経営破綻に追い込まれた（[❾   ]）。信用収縮による世界的な金融危機が拡大する。

④ **EUの金融不安※7** 2010年，財政危機に陥った[❿   ]の国債が暴落し，EUの共通通貨であるユーロの信用不安が高まった。

⑤ **各国の規制** 大企業の優遇，タックス・ヘイブンによる租税回避などは，世界的な所得格差をもたらし「[⓫   への競争※8]」とよばれる状況を生んだ。アメリカでは[❹]取り引きの禁止，[❻]との関係の制限など，金融危機を防ぐための規制が実施された。

⑥ **グローバル化の停滞** 2020年以降の[⓬   感染症]の流行により，人の往来が世界的に制限された。

> **Point**
> ▶世界経済の一体化…グローバル化→底辺への競争
> ▶広がる経済危機…アジア通貨危機，世界金融危機，ギリシャ財政危機

※1 海外への貸し付け，不動産取得などのこと。資本取引にともなう資本の移動を国際資本移動という。

※2 実物商品の価格変動によるリスクを減らすために開発された。先物取引，オプション取引などがあてはまる。

※3 取引システムの高速化，金融工学の導入などの影響で，金融商品の投機的な売買がいっそう進んだ。

※4 顧客の資金を運用し，短期間で高い運用益をめざしている。タックス・ヘイブンとよばれる，税率がきわめて低い国・地域に本拠地をおく業者が多い。

※5 返済能力の低い借り手に販売された住宅ローン。

※6 G20（G7に新興国を加えた20か国・地域の首脳会議）の財政出動などにより，恐慌の発生は防ぐことができた。

※7 EUの初期からの加盟国は所得水準が高く，2000年代以降の加盟国は低い。この加盟国間の格差が金融危機の背景にある。

※8 資本主義が成熟していくにつれ，所得格差は縮小していくと考えられていた（クズネッツ曲線）。しかし，1980年代以降のグローバル化の急速な進展にともない，国家間の格差，先進国の国民間の格差が著しく拡大している。

⊞ 図表で整理

● 世界の債務の拡大

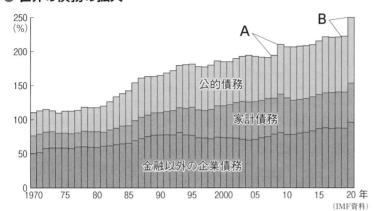

（IMF資料）

・**A**の時期には，❶[＿＿＿＿＿]の影響で，公的債務が特に大きな伸びを見せた。

・**B**の時期には，❷[＿＿＿＿＿]感染症の対策として各国が財政出動をしたこと，景気が後退したことの影響で，公的債務と，金融以外の企業債務が拡大した。

● 政府債務残高のGDPに対する割合

（2019年）　　　　　　　（2021/22年版「世界国勢図会」）

・EUの債務危機の発端となった国…❸[＿＿＿＿＿]→EUの共通通貨である❹[＿＿＿＿＿]の暴落をまねいた。

・政府債務残高の対GDP比が先進国で最高レベルの国…❺[＿＿＿＿＿]

・1980年代から，財政収支と経常収支がともに赤字の状態となる「双子の赤字」が続く国…❻[＿＿＿＿＿]

⊗ 正誤問題でチェック

内容の合っているものには○，誤っているものには×をつけよう。

① 日本では，先物取引などのデリバティブ市場の開設は，リスクが高すぎるため禁止されている。　[　　]

② 少数の大口投資家から巨額の資金を集め，ハイリスク・ハイリターンの投資行動を繰り返すヘッジファンドは，株式会社の新しい形態である。　[　　]

③ 日本に比べてアメリカでは，多くの割合の勤労国民が，大きな金融的利得を求めて，銀行預金などの安全資産よりも株式や投資信託などの金融商品で資産運用している。　[　　]

④ タイの通貨バーツの下落をきっかけとして，アジア各国では投機資金の流出が連鎖的におこり，次々と通貨危機が発生した。　[　　]

⑤ 2008年の世界金融危機は，アメリカにおけるITバブルの崩壊が引き金になった。　[　　]

⑥ サブプライムローン問題を契機に，IMF（国際通貨基金）により資本の自由な移動が原則として禁止された。　[　　]

42 地域的経済統合

[解答] 別冊p.22

⚠ 重要語句で整理

1 地域的経済統合 出る

① **地域統合への動き** GATTやWTOによる交渉が停滞したことから，地域的な自由貿易圏をつくろうとする[❶ 　　　　主義]の動きが高まる。

② **欧州の地域統合** 1952年に発足したECSC(欧州石炭鉄鋼共同体)を基礎とした，[❷ 　　　　　　](欧州経済共同体)が成立。EURATOM(欧州原子力共同体)との合同により，1967年に[❸ 　　　　　　](欧州共同体)を創設した。市場統合を進め，共通農業政策や関税同盟を推し進める。1993年，マーストリヒト条約(欧州連合条約)の発効により[❹ 　　　　　　](欧州連合)が発足。

③ **単一通貨** 1998年，[❹]は，[❺ 　　　　　　](欧州中央銀行)を設立。1999年には，為替制度をEMU(経済通貨同盟)により共通化した。これにより，共通通貨の[❻ 　　　　　]が導入された。

④ **現状と問題** [❹]は，2009年にはリスボン条約により基本条約を修正。一方で，加盟国間の経済格差が，ギリシャ財政危機を発端に金融危機を引き起こす。2020年には共通政策に反対するイギリスが[❹]を離脱。

⑤ **アジア・太平洋地域の地域統合** 1967年に結成された[❼ 　　　　　](東南アジア諸国連合)は，ゆるやかな連合を形成。太平洋沿岸の国々が1989年から[❽ 　　　　　　](アジア太平洋経済協力)を開催。

2 貿易による結びつき

① **地域経済の活性化** 東南アジアでは1993年に[❼]自由貿易地域に合意。北米では1994年に成立したNAFTA(北米自由貿易協定)が，再交渉の末，2020年に[❾ 　　　　　]へと再編。南米では1995年に[❿ 　　　　　　](南米南部共同市場)が発足。

② **特定の国・地域間の協定** [⓫ 　　　　　](自由貿易協定)は関税の引き下げや撤廃をめざす。[⓬ 　　　　　](経済連携協定)は人・資本・情報など，幅広い面で協力をめざす。

③ **協定参加後の未来** 2006年に発足した環太平洋パートナーシップ協定は，2018年に[⓭ 　　　　　]として発効。2020年には東アジアを中心に[⓮ 　　　　　](東アジア地域包括的経済連携)が合意。

> **Point**
> ▶地域的経済統合…EU(欧州)，ASEAN・APEC(アジア・太平洋)
> ▶貿易による結びつき…FTA，EPA，TPP

※1 石炭・鉄鋼産業の共同市場を創設することをめざした。

※2 域内の農産物に統一価格を設け，生産費の高い国に対して補助金を支給した。
※3 加盟国間では関税などの貿易制限を撤廃し，域外との貿易に対しては共通関税を設ける。

※4 2023年1月現在，20か国(EU以外の国をふくむ)が導入している。EU加盟国のなかでも，デンマーク，スウェーデンなどはEU共通通貨を導入せず，独自通貨を維持している。
※5 ギリシャが国債の格下げによるデフォルト(債務不履行)の危機に陥った。比較的財政にゆとりのあるフランス，ドイツなどの加盟国の援助により，これを切り抜けた。
※6 2015年にはASEAN経済共同体という，さらに発展した枠組みを形成した。

※7 アメリカ・メキシコ・カナダ協定の略称。

※8 アメリカの離脱により11か国による協定となった。トランプ政権の下，アメリカは包括的な経済連携から距離を置き，二国間の貿易交渉を優先した。

🔲 図表で整理

● 欧州連合のあゆみ

年	できごと
1952	❶ _____ (欧州石炭鉄鋼共同体)が発足
1958	EEC(欧州経済共同体)が発足。❷ _____ (欧州原子力共同体)が発足
1967	❶ ・EEC・❷ が統合し,EC(欧州共同体)が発足
1979	EMS(欧州通貨制度)が発足
1987	単一欧州議定書が発効
1993	欧州連合条約(❸ _____ 条約)の発効により,EUが発足
1998	欧州中央銀行が発足
2009	❹ _____ 条約が発効
2020	❺ _____ がEUを離脱

● 日本のFTA・EPA締結相手国

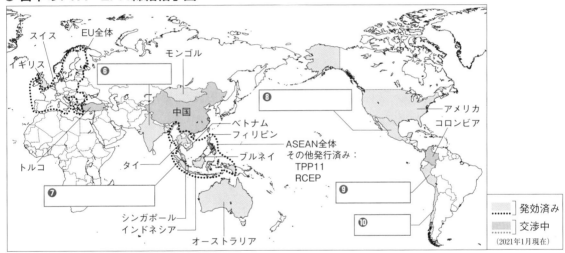

スイス　EU全体　モンゴル　イギリス　中国　アメリカ　コロンビア　ベトナム　フィリピン　ASEAN全体　その他発行済み:　TPP11　RCEP　トルコ　タイ　ブルネイ　シンガポール　インドネシア　オーストラリア

❻ ❼ ❽ ❾ ❿

発効済み　交渉中　(2021年1月現在)

⊗ 正誤問題でチェック

内容の合っているものには〇,誤っているものには×をつけよう。

① EEC(欧州経済共同体)で導入された関税同盟は,域内関税と域内輸入制限を撤廃し,域外　[　　]
共通関税を設定するものである。

② 経済通貨統合に向けて,EC(欧州共同体)でEMS(欧州通貨制度)が発足した。　[　　]

③ 共通通貨を導入することで,EUでは中央銀行や金融政策の必要がなくなった。　[　　]

④ EU(欧州連合)では,一元的な金融政策のため,全域でユーロが導入された。　[　　]

⑤ NAFTAは,メルコスール(南米南部共同市場)と同じ年に発効した。　[　　]

⑥ FTA(自由貿易協定)は,二国間や地域で自由貿易をめざすもので,投資や知的財産権に関　[　　]
する協定をふくむ経済統合の最高度のものである。

43 地球環境問題と経済協力

[解答] 別冊p.23

⚠ 重要語句で整理

1 地球環境問題

① **地球環境保護のための国際会議**　1972年の[❶　　　　　　　　　会議※1]
で地球環境問題が初めて国際的に検討される。同年, 国連は国連環境計画
([❷　　　　　　　　])を設立。

② **オゾン層の破壊※2**　原因となる[❸　　　　　　　　]などを規制するモン
トリオール議定書を1987年に採択。

③ **地球温暖化**　1992年の[❹　　　　　　　　会議](地球サミット)では,
温暖化防止のための気候変動枠組み条約を採択。「[❺　　　　　　な開発※3]」
を基本理念とするリオ宣言を採択し, 具体的な行動計画としてアジェン
ダ21を示す。1997年の[❻　　　　　　議定書]で温室効果ガスの削減義務
を先進国に課すが, のちアメリカが離脱。2015年の[❼　　　　　　協定]では,
新興国をふくむ削減目標を設定。各国で化石燃料に課税する炭素税をは
じめとする[❽　　　　　　税], 排出量取引※4などにより脱炭素社会をめざす。

④ **資源・エネルギー問題**　化石燃料や鉱物資源は[❾　　　　　　性資源※5]で
あるうえ, 分布のかたより(資源の[❿　　　　　性])のため, 紛争の原因とも
なる。石油危機を機に, 原子力などの石油代替エネルギーの地位が高まり,
地熱・太陽光・風力などの[⓫　　　　　　　　エネルギー]の開発も進んだ。

2 経済協力と人間開発の課題 出る

① **貧困問題**　1日1.9ドル未満の収入の[⓬　　　　　　貧困]の人々が存在。

② **国連の対策**　発展途上国の貧困克服のために, OECD(経済協力開発機
構)が[⓭　　　　　　](開発援助委員会)を組織。[⓭]は[⓮　　　　※6]
(政府開発援助)が満たすべき要件を定めている。[⓯　　　　　　　　]
(国連貿易開発会議)が1964年に開催され, プレビッシュ報告のなかで,
軽工業製品に対する[⓰　　　　　関税], 一次産品価格の安定化などを要
求。UNDP(国連開発計画)で[⓱　　　　※8](人間開発指数)を開発。

③ **目標の設定**　国連は2001年にミレニアム開発目標(MDGs)を策定。
2015年には持続可能な開発目標(SDGs)で2030年までの目標を設定。

④ **民間の支援**　[⓲　　　　　　](非政府組織)によるフェアトレード※9, 企
業による公共性の高いソーシャル・ビジネスなどが展開されている。

> **Point**
> ▶地球環境問題…地球サミット, 温室効果ガス, 再生可能エネルギー
> ▶経済協力と人間開発…OECD, UNCTAD, SDGs, NGO

※1　スウェーデンのストック
ホルムで開催され, 人間環境宣
言を採択した。

※2　10km以上上空に分布す
る大気の層で, 太陽光線にふく
まれる生物にとって有害な紫外
線を吸収している。

※3　将来の世代の欲求を満た
しつつ, 現在の世代の欲求も満
足させるような開発のこと。

※4　国や企業ごとに温室効果
ガスの排出枠を定め, 割り当て
られた量を超えるときは, 別の
国や企業から排出枠を金銭で取
引する制度。
※5　動植物が地中で長い年月
を経て変成されてできた, 石油・
石炭・天然ガスなどの燃料。燃
焼時に二酸化炭素などの温室効
果ガスが発生する。

※6　日本の政府開発援助は,
有償援助(円借款)が中心。青年
海外協力隊による援助も進む。

※7　先進国は発展途上国から
の輸入品に, 特別に低い関税率
を適用する優遇措置を設けた。
※8　人間のゆたかさの基本的
な側面をはかる指標。1人あた
りのGDP, 平均寿命, 識字率,
就学率などの統計をもとに算出。
※9　発展途上国の製品を適正
な価格で購入し続けることによ
り, 発展途上国の人々の生活改
善をはかる。

🏛 図表で整理

● 地球環境問題

年	取り組み
1971	水鳥の保護のための ❶ [　　　　] 条約を採択
1972	国連人間環境会議を開催し ❷ [　　　　] 宣言を採択，国連環境計画(UNEP)を設立
1973	野生生物の保護のための ❸ [　　　　] 条約を採択
1987	オゾン層保護のための ❹ [　　　　] 議定書を採択
1989	有害な廃棄物の越境移動を規制するバーゼル条約を採択
1992	リオデジャネイロで国連環境開発会議(❺ [　　　　])を開催
1997	❻ [　　　　] ガス削減のための京都議定書を採択
2002	❼ [　　　　] な開発に関する世界首脳会議(ヨハネスブルク会議)
2015	パリ協定を採択

● 貧困問題の解決

年	取り組み
1960	発展途上国への資金の貸付を行うため，❽ [　　　] (国際開発協会，第二世界銀行)を設立
1961	「国連開発の10年」を採択
	❾ [　　　　] (経済協力開発機構)の下に，DAC(開発援助委員会)を設ける
1964	UNCTAD(国連貿易開発会議)の第1回総会が開かれ，❿ [　　　　] 報告のなかで，特恵関税の供与などの要求がなされる
1974	国連総会で ⓫ [　　　　] (新国際経済秩序)樹立に関する宣言を採択
1990	HDI(人間開発指数)が開発される

⊗ 正誤問題でチェック

内容の合っているものには〇，誤っているものには×をつけよう。

① 動植物のなかでも特に水鳥の生息地として国際的に重要な湿地について，その保全を図ることなどを定めた条約は，生物多様性条約である。　[　　]

② 地球温暖化対策の国際的枠組みを定めた気候変動枠組み条約は，国連環境開発会議(地球サミット)において採択されている。　[　　]

③ パリ協定では，発展途上国をふくむすべての締約国に温室効果ガスの削減を求めている。　[　　]

④ 一般特恵関税とは，先進国が発展途上国からの輸入に対して，関税を撤廃したり税率を特別に低くしたりすることである。　[　　]

⑤ 日本のODAは，発展途上国における経済発展の支援を目的としているため，資金の返済を必要とする円借款はふくまれない。　[　　]

⑥ 先進国が工業製品に，発展途上国が原材料や部品の生産に特化し，輸出し合う形をフェアトレードという。　[　　]

1 〈貿易と国際収支〉

次の文を読み，あとの問いに答えなさい。　〔各3点　計18点〕

　国際間の取引は通常，① [＿＿＿] を用いて決済される。この決済は銀行間で相互に行われ，残額は外国通貨で清算される。日本円とアメリカドルの交換の場合では，貿易取引が大半である。日本のアメリカに対する大幅な輸出超過が続いている場合，輸出代金として受け取ったドルを円に交換しようとするドル供給が，輸入代金を用意するためのドル需要よりも② [＿＿＿] なり，交換比率は③ [＿＿＿] になる。このような通貨間の交換比率に影響をあたえる要因は，1980年代以降は直接投資と④ [＿＿＿]，短期の資金移動の影響が大きい。こうした外国との取引にともなう一定期間の貨幣額を集約した統計を，<u>ₐ国際収支</u>という。

(1)　①〜④にあてはまる語句を，**ア〜ク**から1つずつ選びなさい。
　ア 証券投資　**イ** ドル高・円安　**ウ** 外国為替手形　**エ** 少なく
　オ フェアトレード　**カ** 多く　**キ** ドル安・円高　**ク** 内国為替

(2)　下線部**a**の国際収支のうち，**A**特許料の支払い，**B**投資収益の受け取りがふくまれている区分を，**ア〜エ**から1つずつ選びなさい。
　ア 金融収支　**イ** 貿易・サービス収支
　ウ 第一次所得収支　**エ** 第二次所得収支

2 〈国際経済体制の変化，グローバル化する国際経済〉

次の文を読み，あとの問いに答えなさい。　〔(5)6点，他各4点　計26点〕

・ [＿＿＿] 制が崩壊した後，<u>ₐ1930年代の世界経済</u>は混乱を極めた。
・第二次世界大戦後，IMFが設立され，<u>ᵦ新しい国際通貨制度</u>が誕生した。
・1971年の<u>ᵧニクソン・ショック</u>を受けて，主要国通貨の対米ドル為替平価切上げが合意された。
・1970年代以降，<u>ₔ新興工業経済地域</u>をはじめとする新興国が著しい成長をとげた。一方で，世界各地で金融不安や<u>ₑ金融危機</u>が頻繁に発生してきた。

(1)　[＿＿＿] にあてはまる通貨制度を書きなさい。
(2)　下線部**a**で行われた，貿易と為替管理による閉鎖的な政策を何というか。
(3)　下線部**b**の軸となった国際機関は，IMF，世界銀行ともう1つは何か。
(4)　下線部**c**の後の一連の動きである**ア〜ウ**を，古い順に並べなさい。
　ア キングストン体制の樹立　**イ** スミソニアン協定の締結
　ウ 変動為替相場制への移行
(5)　下線部**d**のうち，韓国，台湾，香港，シンガポールは工業製品の貿易に関する政策転換をはかった。どのような転換だったか，簡単に説明しなさい。
(6)　下線部**e**について，2000年代にアメリカでおこった金融危機の原因としてあてはまらないものを，**ア〜エ**から1つ選びなさい。
　ア デリバティブの開発　**イ** サブプライムローンの証券化
　ウ 暗号資産(仮想通貨)の取引量拡大　**エ** ヘッジファンドの成長

1

(1) ①　＿＿＿＿＿
　　②　＿＿＿＿＿
　　③　＿＿＿＿＿
　　④　＿＿＿＿＿
(2) A　＿＿＿＿＿
　　B　＿＿＿＿＿

❓ヒント
(1)①輸出側が輸入側に対して，代金を指定銀行へ支払うよう指示する。
　③円の価値が相対的に高くなること。
(2)A特許権を取得するため，特許庁に対して支払う手数料を，特許料という。
　B投資収益は，対外直接投資に関係する子会社の収益や，国債等の利子の受け取りなどをふくむ。

2

(1)　＿＿＿＿＿
(2)　＿＿＿＿＿
(3)　＿＿＿＿＿
(4)　→　　→
(5)　＿＿＿＿＿
　　＿＿＿＿＿
　　＿＿＿＿＿
(6)　＿＿＿＿＿

❓ヒント
(2)ポンド，フランなどの経済圏が形成された。
(3)自由貿易の拡大をめざした体制。
(6)グローバル化を背景とする。

③ 〈地域的経済統合〉

次の文を読み，あとの問いに答えなさい。　〔各4点　計32点〕

ヨーロッパでは1957年に欧州経済共同体（①□□□□）が結成され，1967年には，欧州経済共同体と欧州石炭鉄鋼共同体（②□□□□）と欧州原子力共同体（EURATOM）の3つの機関を統合して，欧州共同体（EC）を発足させた。その後，EC加盟国はマーストリヒト条約に調印して，1993年には_a欧州連合（③□□□□）を発足させた。東南アジアでは，域内における経済成長，貿易の拡大などをめざして，1967年に東南アジア諸国連合（④□□□□）が発足し，1993年には自由貿易地域を形成し，域内の_b貿易の拡大と域外からの投資の促進がめざされた。アメリカ，カナダ，メキシコは，1994年に北米自由貿易協定（⑤□□□□）を発効させた。1995年には，対外共通関税や域内での財・サービス・労働力の自由市場をめざす南米南部共同市場（⑥□□□□）が発足している。

(1) ①〜⑥にあてはまる語句を，ア〜クから1つずつ選びなさい。
　ア ECB　**イ** メルコスール　**ウ** EEC　**エ** NAFTA
　オ AU　**カ** ASEAN　**キ** ECSC　**ク** EU

(2) 下線部aの政策としてあてはまらないものを，ア〜エから1つ選びなさい。
　ア 関税同盟　**イ** 域内の固定為替相場制導入
　ウ 共通農業政策　**エ** ユーロ導入

(3) 下線部bの目的に加え，人・資本・情報など幅広い面で協力をめざす経済連携協定が，各国間で結ばれるようになった。この協定の略称を書きなさい。

④ 〈地球環境問題と経済協力〉

次の文を読み，あとの問いに答えなさい。　〔各4点　計24点〕

経済成長を優先し，_a環境を破壊していくと，結果として経済活動の基盤も失われる。現在の世代の欲求を満たしつつ，将来の経済成長を達成できる①□□□□な社会の実現が，国際社会の最重要課題となりつつある。国連が2015年に採択した②□□□□が示すように，①□□□□性は平等で公正な社会をめざす努力に結びつく。17の主要な目標には，環境保護の取り組みとともに，_b貧困や飢餓の解消，福祉や教育の普及がふくまれている。主要目標はさらに細かいターゲットに分類され，例えばエネルギーに関する目標の中には，後発発展途上国（③□□□□）をはじめとするすべての途上国の人々に_cエネルギーを供給できるよう，インフラを拡大することが掲げられている。

(1) ①〜③にあてはまる語句を，ア〜カから1つずつ選びなさい。
　ア HDI　**イ** MDGs　**ウ** 垂直的公平　**エ** SDGs
　オ LDC　**カ** 持続可能

(2) 下線部aについて，モントリオール議定書において解決が図られた環境問題は何か。

(3) 下線部bについて，世界銀行の定義する，1日1.9ドル未満で暮らす状態のことを何というか。

(4) 下線部cについて，再生可能エネルギーにふくまれないものを，ア〜エから1つ選びなさい。
　ア 潮力　**イ** 風力　**ウ** シェールガス　**エ** バイオマス

---

③

(1) ①　　　　　
　　②　　　　　
　　③　　　　　
　　④　　　　　
　　⑤　　　　　
　　⑥　　　　　
(2) 　　　　　
(3) 　　　　　

？ヒント

(1)②Coal と Steel の頭文字が入っている。
　③フランス語では UE と略す。
　⑤FTAの1つ。
(2)経済面を中心とするさまざまな共通政策が実施されてきた。
(3)日本はおもにアジアの国々との間で締結している。

④

(1) ①　　　　　
　　②　　　　　
　　③　　　　　
(2) 　　　　　
(3) 　　　　　
(4) 　　　　　

？ヒント

(1)②国連持続可能な開発サミットで採択された。
(2)地上に達する紫外線の量が増加すると，生物に有害な影響が出る。

□ 執筆協力　菊地 聡

□ 編集協力　竹尾真由美　名越由実　樋口隆正

□ 本文デザイン協力　山口秀昭（Studio Flavor）

□ 図版作成　㈲デザインスタジオエキス.

シグマベスト
必修整理ノート 政治・経済

本書の内容を無断で複写（コピー）・複製・転載することを禁じます。また，私的使用であっても，第三者に依頼して電子的に複製すること（スキャンやデジタル化等）は，著作権法上，認められていません。

© BUN-EIDO　2023　　　　Printed in Japan

編　者　文英堂編集部
発行者　益井英郎
印刷所　株式会社加藤文明社
発行所　株式会社文英堂
　　　　〒601-8121　京都市南区上鳥羽大物町28
　　　　〒162-0832　東京都新宿区岩戸町17
　　　　（代表）03-3269-4231

● 落丁・乱丁はおとりかえします。

必修整理ノート

政治・経済

解答集

文英堂

1章　民主政治の基本原理

〈p.6〜7〉

1 政治と法

✏ 重要語句で整理

❶ 政治
❷ 政治権力
❸ 領域
❹ 国民
❺ 主権
❻ 社会契約
❼ 自然法
❽ 実定法
❾ 不文法
❿ 公法
⓫ 私法
⓬ 遡及立法［事後法］
⓭ マグナ・カルタ
⓮ 法の支配
⓯ コモン・ロー
⓰ 法治主義
⓱ 立憲主義

⊞ 図表で整理

❶ 慣習法
❷ 国内法
❸ 国際法
❹ 社会法
❺ 条約
❻ 人
❼ 法
❽ 所有権絶対
❾ 私的自治
❿ 契約自由

⊗ 正誤問題でチェック

①×　②○　③×
④○　⑤×

解説
① 領空の範囲に関しては，大まかに「大気圏内」とされる。
③ ボーダンはカントの誤り。
⑤ 法務大臣の判断ではなく，裁判所の違憲審査権に委ねられるべきである。

〈p.8〜9〉

2 民主政治の成立

✏ 重要語句で整理

❶ 王権神授説
❷ 市民革命
❸ 自然権
❹ 闘争
❺ 抵抗
❻ 一般意志［意思］
❼ 主権
❽ 憲法制定
❾ 国民代表
❿ 直接民主
⓫ 多数決
⓬ 法の精神
⓭ 司法

⊞ 図表で整理

❶ ホッブズ
❷ ロック
❸ 名誉革命
❹ ルソー
❺ 執行権
❻ 立法権
❼ 行政権
❽ 抑制

⊗ 正誤問題でチェック

①○　②○　③×
④×　⑤×　⑥○

解説
③ ルソーの主張。ホッブズは「各人が国家の統治者である絶対主権者に自然権を譲渡することによって，戦争状態から逃れられる」と主張した。
④ ロックの主張。ルソーは一般意志（意思）に基づく人民主権を主張した。
⑤ 1215年のマグナ・カルタの内容。バージニア権利章典は，人はすべて財産を取得し，幸福と安全を追求する生来の権利を有することを定め，人権宣言の先がけとなった。

〈p.10〜11〉

3 基本的人権の確立

✏ 重要語句で整理

❶ 権利請願
❷ アメリカ独立宣言
❸ フランス人権宣言
❹ 自由
❺ 王［国王］
❻ アダム・スミス
❼ 夜警
❽ 普通選挙
❾ 社会
❿ ワイマール憲法
⓫ 福祉
⓬ 世界人権宣言
⓭ 国際人権規約
⓮ 人種差別撤廃
⓯ 女子差別撤廃
⓰ 子ども［児童］の権利

⊞ 図表で整理

❶ マグナ・カルタ
❷ 名誉
❸ 権利章典
❹ バージニア
❺ リンカン
❻ チャーティスト
❼ 労働組合
❽ ドイツ
❾ 難民
❿ 婦人
⓫ 選択
⓬ 障害者

⊗ 正誤問題でチェック

①○　②×　③×
④○

解説
② フランス人権宣言の内容。「形式的に憲法が定められていても，権力分立が保障されていないものは，憲法の名に値しない」ということを意味している。
③ 国際人権規約は，社会権を規定したA規約，自由権に関するB規約，選択議定書からなる。

4 現代の民主政治

✐重要語句で整理
❶ 直接民主
❷ 間接民主
❸ 多極共存型
❹ 多数者支配型
❺ 政党
❻ 大衆
❼ ファシズム
❽ 複数政党
❾ 世論（せろん）
❿ ポピュリズム
⓫ 熟議（じゅくぎ）民主主義

⊞図表で整理
❶ イギリス
❷ 日本
❸ スイス
❹ イタリア
❺ ドイツ
❻ ユダヤ
❼ ソ連
❽ 一党制
❾ 二大政党制
❿ 多党制

⊗正誤問題でチェック
① ×　　② ×　　③ ○

解説
① これは多極共存型民主主義の説明。多数者支配型民主主義は，議会で多数を占める政党が強い力をもつ。
② 2010年，イギリスでは下院（かいん）選挙で過半数に達する政党がない状態（ハング・パーラメント）に陥り，第二次世界大戦後初めての連立政権が成立した。

5 世界のおもな政治体制

✐重要語句で整理
❶ 議院内閣
❷ 内閣
❸ 解散
❹ 与党（よとう）
❺ 野党（やとう）
❻ 二大政党
❼ 連立政権
❽ 大統領
❾ 教書
❿ 拒否
⓫ 違憲審査権
⓬ 生産手段
⓭ 共産
⓮ 冷戦
⓯ 民主的権力集中
⓰ 開発独裁
⓱ イスラーム

⊞図表で整理
❶ 国王　　❷ 首相
❸ 議会　　❹ 連帯責任
❺ 司法
❻ 行政
❼ 立法
❽ マルクス・レーニン
❾ 社会民主
❿ 民主的権力集中
⓫ 大韓民国（だいかんみんこく）［韓国（かんこく）］
⓬ フィリピン
⓭ インドネシア

⊗正誤問題でチェック
① ○　　② ×　　③ ○
④ ×　　⑤ ×

解説
② 連邦最高裁判所は，アメリカ大統領に対しても違憲審査権をもっている。
④ 中国は一院制。
⑤ スハルト政権下では開発独裁が行われ，経済は成長したが民主主義はおさえられ，貧富の差が拡大した。

══ 定期テスト対策問題 ══
1
(1)① ア　　② ウ
(2) ア，エ，カ
(3) 法の支配
(4) コモン・ロー
(5) マックス・ウェーバー
(6) 所有権絶対の原則

解説
(1)① 国民と領域（領土・領海・領空）を独占的に支配する権力を，主権という。
(2) 条約は文書にまとめられた成文国際法である。内政不干渉（ないせいふかんしょう）の原則などの一般的慣行は不文法の慣習法である。
(5) 超人間的な資質をもった人物をカリスマという。伝統的支配とカリスマ的支配は，近代以降の社会においてはほとんど見られない。

2
(1)① ウ　　② ア
　　③ エ　　④ イ
(2) 国…イギリス
　　制度…間接民主制［代表民主制，議会制民主主義，代議制民主主義］
(3) A…ルソー
　　B…ホッブズ
　　C…モンテスキュー
　　D…ロック

解説
(1)① 成文憲法をもたないイギリスにおいては，1215年のマグナ・カルタ，1628年の権利請願，1689年の権利章典が重要な法典となっている。
　　④ 1933年にナチス政権が成立すると，ワイマール憲法は廃止（はいし）された。
(2) 間接民主制が行われる中心になる場が，国民による選挙で選ばれた代表によって構成される議会であることから，議会制民主主義などともよばれる。

3

(1) ① ウ　　② ア

(2) 例 できるだけ多くの観点を
考慮に入れ，調整を重視し
て合意形成をはかる。

(3) A…×
　　B…○
　　C…×
　　D…○

解説

(1) ① 男子普通選挙はフランスで1848
年に，イギリスでは1918年に
実現した。

(2) 多極共存型民主主義は，政治にお
ける多様な諸勢力間の合意を重視
する。一方，多数者支配型民主主
義は，多数派の意志の実現に重き
をおく。

(3) A 自民党が与党として政権を担い，
野党第一党である日本社会党を
中心として日本共産党，民社党
などの野党が反対政党として存
在した。
　　C 現在のロシアは多党制で，半大
統領制をとっている。

4

(1) ① 議院内閣
　　② 大統領
　　③ 教書
　　④ 拒否

(2) ア

解説

(1) ① 日本・イギリス・ドイツなどは，
内閣が議会だけに責任をもち
（一元型議院内閣制），君主や大
統領が内閣の任免に関わること
はない。
　　② アメリカの大統領制は，議院内
閣制と比べると，徹底した権力
分立制をとっている。

2章　日本国憲法の基本原理

〈p.18〜19〉

6 日本国憲法の制定と基本原理

重要語句で整理

❶ 最高法規
❷ 立憲主義（りっけん）
❸ プロイセン［ドイツ］
❹ 統治権
❺ 臣民
❻ 大正デモクラシー
❼ 連合国軍総司令部
❽ 公布
❾ 国民
❿ 象徴（しょうちょう）
⓫ 基本的人権
⓬ 平和主義
⓭ 交戦
⓮ 国民投票

図表で整理

❶ 天皇
❷ 枢密院（すうみつ）
❸ 陸海軍
❹ 帝国議会
❺ 内閣
❻ 裁判所
❼ 助言
❽ 召集
❾ 衆議院
❿ 3分の2
⓫ 発議
⓬ 過半数

正誤問題でチェック

① ×　　② ×　　③ ○
④ ×

解説

① 大日本帝国憲法の主権者は天皇で
あった。
② マッカーサー草案は天皇を国の元
首とする，戦争の放棄（ほうき），封建的諸
制度の廃止（はいし）の三原則（もと）に基づく。
④ 発議には，各議院の総議員の3分
の2以上の賛成が必要。

〈p.20〜21〉

7 基本的人権の保障

重要語句で整理

❶ 幸福
❷ 公共の福祉
❸ 機会均等
❹ アイヌ
❺ 政教分離
❻ 職業
❼ 苦役（くえき）
❽ 黙秘（もくひ）
❾ 最低限度
❿ 団結権
⓫ 労働組合法
⓬ 国民投票
⓭ 裁判
⓮ 環境権
⓯ 知る権利

図表で整理

❶ 部落
❷ 男女共同参画社会基本（さんかく）
❸ 障害者基本
❹ 令状
❺ 弁護人
❻ 参政権
❼ 最高裁判所裁判官
❽ 特別法
❾ 国民投票
❿ 請求権

正誤問題でチェック

① ○　　② ○　　③ ×
④ ×　　⑤ ○　　⑥ ○

解説

③ 日本国憲法第23条の学問の自由に
は，学問研究の自由，発表の自由，
教授の自由，大学の自治がふくま
れる。
④ 朝日訴訟（そしょう）において，日本国憲法第
25条は努力目標であり（プログラ
ム規定），具体的な権利をあたえ
るものではないとされた。

〈p.22〜23〉

8 平和主義

⊘ 重要語句で整理

❶ 平和的生存
❷ 戦争
❸ 日米安全保障
❹ 専守防衛
❺ 国際平和(PKO)協力法
❻ 周辺
❼ イラク
❽ 文民統制
❾ 集団的
❿ 国際平和
⓫ 防衛装備移転
⓬ 非核三原則

⊞ 図表で整理

❶ 自衛
❷ 交戦
❸ 警察予備隊
❹ 戦力
❺ 必要最小限度
❻ 国民
❼ ガイドライン
❽ テロ
❾ 重要影響事態

⊗ 正誤問題でチェック

① ×　　② ×　　③ ○
④ ×

解説
① 1950年 朝鮮戦争の勃発，警察予備隊の創設→1951年 サンフランシスコ平和条約，日米安全保障条約→1952年 保安隊の創設→1954年 自衛隊の発足という流れ。
② 自衛隊の初の海外派遣は1992年。集団的自衛権の容認は2014年に閣議決定された。
④ 自衛隊の活動は，医療支援，給水，学校・道路の補修といった人道復興支援活動に限られた。

〈p.24〜25〉

━ 定期テスト対策問題 ━

1

(1)① エ　　② シ
　③ ア　　④ コ
　⑤ カ　　⑥ サ
(2) エ
(3) イ
(4) 硬性憲法

解説
(1)②「天皇ハ国ノ元首ニシテ統治権ヲ総攬シ…」(第4条)，「天皇ハ陸海軍ヲ統帥ス」(第11条)とあり，天皇は元首かつ統治権の総攬者とされていた。
　⑤ 憲法に他の法律より厳しい改正条件を課しているのは，憲法は個人の権利・自由を保障するために国家権力を制限するものだという，立憲主義の考えに基づいているためである。
(2) 天賦人権説に基づいて規定されている。
(3) 内閣総理大臣の指名は国会が行い，その議決に基づいて天皇が任命する。

2

(1)① オ　　② ア
　③ カ　　④ ケ
　⑤ イ　　⑥ ウ
　⑦ ク
(2) 例 国および地方公共団体は，宗教上の団体に対していかなる特権もあたえてはならないという原則。
(3) 遡及処罰の禁止
　　[事後法の禁止]
(4) 公共の福祉
(5) 環境権
(6) 労働組合法
(7) 公務員

解説
(1)⑤「健康で文化的な最低限度の生活」の水準を問う生存権裁判が，過去にたびたび行われてきた。
　⑥ 主権者である国民の意思を反映

させ，裁判所を監督する働きをもっているが，これまで国民審査でやめさせられた例はない。
(4) 人権の利害が衝突するような場合に，それを調整するものである。
(7) 行政が誤って国民に損害をあたえた場合の損害賠償のほか，行政が私有財産を公共のために用いる場合の損失補償が認められている。

3

(1)① ア　　② キ
　③ カ　　④ イ
(2) イ
(3) イラク
(4) ウ

解説
(1)② 朝鮮戦争が始まると安全保障の方針が変わり，連合国軍総司令部の指示によって警察予備隊が設置された。
　③ 国連憲章は，国際紛争を解決するために武力を行使しないことを加盟国に求めているが，例外として加盟国が自衛権を一時的に行使できることを定めている。日米安全保障条約はこの国連憲章の考えに基づいて締結された。
(2) 選挙や停戦監視，医療の援助のために，自衛隊員だけでなく警察官や民間人も，紛争地域に派遣されている。
(3) 自衛隊の任務は，後方支援や人道支援に限られている。
(4) 存立危機事態とは，「日本の存立が脅かされ，国民の権利が根底から覆される明白な危険がある」と政府が判断する事態のこと。イの法律はその際の，国民を守るための国や地方公共団体の責務や役割分担を明確にした。

6　本冊p.22〜25の解答

3章　日本の政治機構

〈p.26〜27〉

9 国会と立法

✓ 重要語句で整理
❶ 立法
❷ 国権
❸ 議会制民主
❹ 二院[両院]
❺ 内閣不信任決議
❻ 両院協議会
❼ 免責
❽ 条約
❾ 租税法律
❿ 弾劾裁判所
⓫ 国政調査
⓬ 常会[通常国会]
⓭ 特別会[特別国会]
⓮ 公聴会
⓯ 国対

⊞ 図表で整理
❶ 議員
❷ 衆議院
❸ 3分の2
❹ 両院協議会
❺ 天皇
❻ 指名
❼ 解散
❽ 違憲
❾ 最高裁判所長官

⊗ 正誤問題でチェック
①×　　②×　　③×
④×　　⑤○　　⑥○
⑦○

【解説】
① 条約の締結には国会の承認が必要。
② 最高裁判所長官の任命権は天皇がもっている。
③ 衆議院に先議権があるのは予算案。
④ 国政調査権は，両院に対等の権利がある。

〈p.28〜29〉

10 内閣と行政

✓ 重要語句で整理
❶ 行政
❷ 国会議員
❸ 総辞職
❹ 衆議院
❺ 内閣官房
❻ 閣議
❼ 政令
❽ 国事行為
❾ 公務員
❿ 行政委員会
⓫ 委任立法
⓬ 官僚
⓭ 情報公開法
⓮ 独立行政

⊞ 図表で整理
❶ 任命
❷ 指名
❸ 不信任
❹ 条約
❺ 承認
❻ 内閣府
❼ 財務省
❽ 厚生労働省
❾ 国土交通省

⊗ 正誤問題でチェック
①○　　②×　　③×
④×　　⑤○　　⑥×

【解説】
② 内閣は国会に対して責任を負い，内閣総理大臣は国会議員のなかから指名される。
③ 緊急の必要がある場合は，内閣の求めにより参議院の緊急集会が開かれる。
④ 行政国家では，官僚制が発達し，「大きな政府」となる。
⑥ 両院協議会で得られた成案を，再び両院で議決する必要がある。

〈p.30〜31〉

11 裁判所と司法

✓ 重要語句で整理
❶ 司法
❷ 独立
❸ 規則制定
❹ 公開
❺ 裁判員
❻ 下級
❼ 刑事
❽ 起訴
❾ 民事
❿ 原告
⓫ 三審制
⓬ 再審
⓭ 憲法の番人
⓮ 統治行為

⊞ 図表で整理
❶ 被告
❷ 和解
❸ 弁護人
❹ 検察官
❺ 最高裁判所
❻ 高等裁判所
❼ 家庭裁判所
❽ 地方裁判所
❾ 控訴
❿ 簡易裁判所

⊗ 正誤問題でチェック
①○　　②×　　③○
④×　　⑤×

【解説】
② 国民審査のほか，公の弾劾（国会における弾劾裁判），心身の故障のため職務をとることができないと決められた場合がある。
④ 裁判は公開で行われ，だれでも傍聴することができる。
⑤ 民事裁判のうち，国や地方公共団体を相手どって行う裁判を行政裁判という。

12 地方自治

⚠ 重要語句で整理
❶ 地方自治
❷ 民主主義の学校
❸ 団体自治
❹ 住民自治
❺ リコール
❻ 住民投票
❼ シビル・ミニマム
❽ 首長
❾ 条例
❿ 自治事務
⓫ 法定受託事務
⓬ 地方交付税(交付金)
⓭ NPO

⊞ 図表で整理
❶ 執行
❷ 議決
❸ 拒否
❹ 不信任
❺ 副知事
❻ 50
❼ 監査
❽ 解散
❾ 3
❿ 選挙管理委員会

⊗ 正誤問題でチェック
① ○   ② ×   ③ ○
④ ×   ⑤ ×   ⑥ ×
解説
② 地方議会の議決のみで成立する。条例は各地方公共団体が法律の範囲内で自由に制定できる法である。
④ 監査結果は公表され、報告は首長、地方議会などに対して行う必要がある。
⑤ 機関委任事務が廃止され、自治事務と法定受託事務という新たな区分に整理された。
⑥ 国庫支出金は地方交付税交付金の誤り。

═ 定期テスト対策問題 ═

1
(1) ① ケ   ② ア
    ③ ク   ④ コ
    ⑤ エ   ⑥ ウ
    ⑦ キ
(2) A…ウ
    B…イ
    C…カ
    D…エ
(3) 閣議
(4) ウ
(5) ア
(6) 例 解散があり、任期の短い衆議院のほうが、国民の意思を直接反映すると考えられているため。
(7) イ
(8) 公聴会
解説
(1) ②⑤⑥ 期日が最も短いのは、内閣が解散・総辞職を選択する期間。期日が最も長いのは、解散から総選挙までの期間。
⑦ 本会議は各議院の議員全員が参加する。委員会は議員が分かれて構成する。
(2) アは環境保全、オは予算の作成や硬貨の発行を行う。
(7) アは年1回、1月に召集される。ウは内閣または、いずれかの議院の総議員の4分の1以上の要求がある場合に召集される。エは衆議院解散中に、緊急の必要がある場合に参議院が召集される。

2
(1) ① イ   ② オ
    ③ コ   ④ ケ
    ⑤ エ   ⑥ ウ
(2) 違憲審査権
(3) イ

解説
(1) ④ 裁判官が独立した公正な裁判を行うためには、国会や内閣などによって、その地位をおびやかされないようにする必要がある。
⑥ 最高裁判所の裁判官には任期がないが、任命後初めて行われる衆議院議員総選挙の際、および10年を経過する総選挙のたびに、国民の直接投票により審査される。
(2) 最高裁判所は、法律や行政機関の行為が合憲か違憲かについて最終的な決定権をもつ。
(3) 刑事裁判において、簡易裁判所からの控訴は高等裁判所に対して行われる。

3
(1) ① オ   ② ア
    ③ ケ   ④ エ
    ⑤ カ   ⑥ ク
(2) エ
(3) (都道府県)知事
(4) イニシアティブ
解説
(1) ① 地方自治が国から独立した団体に委ねられ、団体自らの意思と責任の下でなされるという原則を、団体自治という。
④ 二元代表制の下で、首長と議会は抑制と均衡の関係を保っている。
⑥ 条例や監査に関する請求は有権者の50分の1以上(原則)、解職・解散などの請求は3分の1以上となっている。
(2) 法律または政令により、国から地方公共団体に委任される事務を機関委任事務といい、1999年の地方分権一括法により廃止された。
(4) 住民投票を意味するレファレンダム、解職請求のリコールと区別する。

4章 現代日本の政治

〈p.36〜37〉

13 戦後政治のあゆみ

⊘ 重要語句で整理

❶ 自由
❷ 保守合同
❸ 55年
❹ 金権
❺ 利益集団
❻ 族議員
❼ 派閥
❽ 連立
❾ 政治
❿ 構造
⓫ 政権交代
⓬ マニフェスト

⊞ 図表で整理

❶ 日本社会党
❷ 自由民主党
❸ 公明党
❹ 民社党
❺ 民主党

⊗ 正誤問題でチェック

① ○　　②×　　③○
④×　　⑤×

解説
② 派閥は委員の任命には関与しない
　　が，国務大臣の任命に際しては派
　　閥の意向を反映させる傾向がある。
④ 起訴されたのは元官房長官ら。竹
　　下首相は起訴されなかったものの，
　　内閣は退陣へ追い込まれた。
⑤ 鳩山由紀夫は菅直人の誤り。民主
　　党政権下でも党内の造反，支持率
　　の低下などにより，ひんぱんな首
　　相の交代が続いた。

〈p.38〜39〉

14 選挙制度と政党

⊘ 重要語句で整理

❶ 平等選挙
❷ 秘密選挙［秘密投票］
❸ 比例代表制
❹ 小選挙区制
❺ 中選挙区制
❻ 小選挙区比例代表並立制
❼ 非拘束名簿式
❽ 一票の格差
❾ 連座
❿ 政治資金規正法
⓫ 政党助成法
⓬ 無党派層
⓭ 18
⓮ インターネット

⊞ 図表で整理

❶ 比例代表制
❷ 死票
❸ 大選挙区制
❹ 中選挙区制
❺ 派閥
❻ 小選挙区制
❼ 4
❽ 465
❾ 3
❿ 248

⊗ 正誤問題でチェック

① ○　　②×　　③○
④×　　⑤×　　⑥×

解説
② 小選挙区比例代表並立制では，小
　　選挙区での立候補者を比例代表に
　　おける政党の名簿に同時に登載す
　　ることができる。
④ 選挙の種類に関係なく，戸別訪問
　　は公職選挙法で禁止されている。
⑤ 無党派層とは，特定の政党を支持
　　しない者をいう。
⑥ マニフェストに法的拘束力はなく，
　　反故にされることもある。

〈p.40〜41〉

15 世論と政治参加

⊘ 重要語句で整理

❶ 利益集団
❷ 世論
❸ マスメディア
❹ 第四の権力
❺ フェイクニュース［虚偽報道］
❻ SNS
❼ メディア［情報］・リテラシー
❽ 大衆運動
❾ 単一争点
❿ NGO
⓫ NPO

⊞ 図表で整理

❶ 新聞
❷ テレビ
❸ ラジオ
❹ インターネット
❺ 世論操作
❻ 記者クラブ
❼ ポピュリズム
❽ プライバシー

⊗ 正誤問題でチェック

① ×　　②○　　③×
④○　　⑤×　　⑥○
⑦×　　⑧○　　⑨×
⑩×

解説
① 自分自身の考え方を形づくったう
　　えで，その集約されたものが世論
　　として表れる。
③ 利益集団ではなく，政党について
　　説明した文である。
⑤ 利益集団（圧力団体）が力をもつと，
　　国益の軽視，財政支出の増大など
　　の弊害が生まれる。
⑦ 明治時代以降の日本を見ても，戦
　　時体制下をはじめ報道の統制はひ
　　んぱんに行われてきた。
⑨ 事実を正確に伝えるとは限らない。
⑩ 報道を取捨選択し，批判的に読み
　　解く力である。

〈p.42〜43〉

═ 定期テスト対策問題 ═

1

(1)① F
　② B
　③ H
　④ D

(2) 政治改革

(3) 構造改革

「解説」

(1)① ロッキード事件では，前首相の田中角栄や商社の幹部らが逮捕された。
　② 鳩山一郎は自由党と日本民主党の保守合同を実現し，自由民主党の初代総裁となった。
　③ 日本社会党・新生党・公明党・日本新党・民社党・新党さきがけ・社民連・民主改革連合の8党派による非自民連立政権を発足させた。
　④ 池田勇人は「所得倍増」を政策の中心にかかげ，国民総生産（GNP）を10年以内に2倍にすることをめざした。

2

(1)① ク
　② オ
　③ ア
　④ カ

(2) 利益集団［圧力団体］

(3) ア，ウ

(4)① ○
　② ×
　③ ×

(5) 小選挙区比例代表並立制

「解説」

(1)① 特権階級を対象とする制限選挙の時代に力をもった政党。
　③ 政策の実現時期や具体的な数値目標を明らかにしている点が，従来の公約とは異なる。
　④ 政治団体の届出，政治団体にかかわる政治資金の収支の公開，政治団体および公職の候補者にかかわる政治資金の授受の規正

などの措置を講じている。

(3) 代表民主制の下，国民の自由な言論および結社活動を前提に，普通選挙制によって国民の多様な意思が議会を通じて国政に反映されている。

(4) d は小選挙区制の考えで，二大政党制を実現しやすい。

3

(1)① カ
　② ウ
　③ ア
　④ オ

(2) ウ

(3) 大衆運動

(4)[例]私的な利益追求を目的とせず，環境・文化・教育・福祉などさまざまな分野で活動する市民団体。
法律…特定非営利活動促進法

「解説」

(1)② 放送による人権侵害，過剰な演出が相次いだため，放送業界は番組の質的な向上と放送倫理の遵守をめざして，BPO（放送倫理・番組向上機構）という組織をつくった。
　③ 主体的に情報を読み取る能力を身につける必要がある。
　④ アメリカの社会学者であるリースマンの類型によると，政治的無関心は「伝統型無関心」（近代以前の政治的無知を背景とする無関心）と，「現代型無関心」（教養はあるが政治参加の意欲がない）に分けられる。

(3) 日本国憲法第21条1項の集会・結社・表現の自由，第16条の請願権が，この運動の自由を保障している。

(4) 法人格をもったNPO法人（特定非営利活動法人）と，法人格をもたないNPOがある。

5章　経済社会の変容

〈p.44〜45〉

16 資本主義経済の成立と発展

⚠ 重要語句で整理

❶ 労働力
❷ サービス
❸ 消費
❹ 市場
❺ トレードオフ
❻ 機会費用
❼ 市場経済
❽ 自由放任
❾ イノベーション
❿ 有効需要
⓫ 修正資本
⓬ マルクス
⓭ ペレストロイカ

⊞ 図表で整理

❶ 産業
❷ 資本家
❸ 小さな
❹ 自由
❺ シュンペーター
❻ ケインズ
❼ 計画
❽ 労働者
❾ ロシア革命
❿ 改革・開放

⊗ 正誤問題でチェック

① ○　　② ×　　③ ×
④ ○　　⑤ ×

「解説」

② アダム・スミスは，保護貿易で外貨を稼ぐ重商主義を批判し，自由貿易を唱えた。
③ 規制緩和政策は，ケインズ政策への批判から生まれた新自由主義において実施された。
⑤ マルクスはリストの誤り。

〈p.46〜47〉

17 現代の資本主義経済

⟨✓⟩ 重要語句で整理

❶ 規模
❷ 独占資本
❸ 経営
❹ マネタリズム
❺ 新自由
❻ グローバル
❼ 直接投資
❽ 情報通信
❾ 多国籍
❿ 国際資本移動
⓫ アジア通貨
⓬ 世界金融
⓭ ヘッジファンド
⓮ 底辺への

⊞ 図表で整理

❶ 個人
❷ 銀行
❸ 外国
❹ 政府
❺ ニューディール
❻ 大きな
❼ 小さな
❽ 貿易

⊗ 正誤問題でチェック

① ×　　② ×　　③ ×
④ ○　　⑤ ×

【解説】

① 修正資本主義は，独占資本主義の誤り。独占資本主義は19世紀末から20世紀にかけて広まり，軍部と結びついた財閥の台頭や，帝国主義をもたらした。

② ケインズの主張である。フリードマンはマネタリズムを主張してケインズ政策を批判した。

③ レーガンとサッチャーが逆。

⑤ 資本移動の自由が原則。IMFは融資枠の拡大などを実施した。

〈p.48〜49〉

▭ 定期テスト対策問題 ▭

1

(1) ① イ　　② キ
　　③ ク　　④ ス
　　⑤ コ　　⑥ ウ
　　⑦ エ　　⑧ カ
　　⑨ ケ　　⑩ サ

(2) マルクス

(3) 例 政府の市場への介入を極力減らすべきだとする主張。

(4) ア

(5) イ

【解説】

(1) ② 商品のうち形のあるものを財，形がなく満足や効用を提供するものをサービスという。

④ レッセ・フェール（フランス語で「なすがままにさせる」という意味）ともいわれる。個人の利益を自由に追求させることで，神の「見えざる手」によって社会の繁栄がもたらされるとした。

⑥ 特に独占資本主義の時代に株式会社制度が大きく発展し，重化学工業の成長をもたらした。

⑧ 政府の積極的な経済介入，農産物の価格調整，失業補償，労働者の団結権の保障などを実施した。

(2) それまでのフーリエらの空想的社会主義に対比して，科学的社会主義とよんだ。

(4) イは営利本位の資本主義体制を批判した。ウは古典派経済学を批判し，保護貿易を主張した。エは資本主義経済の始まり以降の経済格差の拡大について論じた。

(5) ホンコンと並んで，マカオは特別行政区に定められ，一定の自治と資本主義的な制度が認められている。

2

(1) ① エ　　② キ
　　③ ケ　　④ コ
　　⑤ ア

(2) ICT

(3) (第1次)石油危機
　　[オイル・ショック]

(4) A…エ
　　B…例 経済成長や人口増加などに合わせて通貨量を一定率で増減させること。

(5) 多国籍企業

(6) 社会主義市場経済

(7) リーマン・ショック

(8) グローバル・ガバナンス

【解説】

(1) ① グローバル化のマイナス面としては，貧富の差の拡大，文化の画一化などがあげられる。

③ 大幅減税などを実施したが，財政収支・貿易収支の「双子の赤字」をもたらす結果となった。

④ 対外直接投資ともいう。外国企業に対して永続的に経営を支配することを目的に行われる投資で，海外の投資先への貸付・債券保有・不動産取得などがふくまれる。

(3) 石油危機（オイル・ショック）により原油価格が高騰し，物価が影響を受けた。物価の高騰に耐えられない消費者は，購入を控えるようになり，購買力の低下が経済全体の需要減と生産の停滞をもたらした。

(4) A アは厚生経済学を確立した。イは夜警国家観を展開して自由主義国家を批判した。ウは功利主義を唱えた。

(6) ベトナムのドイモイ政策と並ぶ，社会主義国による市場経済の導入である。それまでの中国では株式会社の設立は認められていなかった。

(8) 地球サミットのような国際会議，欧州連合（EU）のような地域主義のほか，非政府組織（NGO）などの民間の取り組みもふくめた，地球規模の構想である。

6章　現代経済のしくみ

〈p.50〜51〉

18 経済主体と経済循環

✐ 重要語句で整理
❶ 経済主体
❷ 家計
❸ 賃金
❹ 消費支出
❺ 貯蓄
❻ 所得
❼ 資産
❽ バブル
❾ 利潤
❿ 租税
⓫ 社会資本［公共財］
⓬ 分配

⊞ 図表で整理
❶ 消費支出
❷ 交通・通信費
❸ 租税
❹ 貯蓄
❺ 社会保障
❻ 労働力
❼ 投資
❽ 利子
❾ 財

⊗ 正誤問題でチェック
① ○　　② ×　　③ ○
④ ×

解説
② 生命の維持のために最低限必要となる食料費は，所得水準による変動が少ないため，所得が増大するにつれて，その割合は低くなっていく。しかし，今もなお消費支出の約4分の1を占め，最も割合が高い。
④ レジャーは消費支出のうちの教養娯楽費，教育は教育費にふくまれる。

〈p.52〜53〉

19 生産のしくみと企業

✐ 重要語句で整理
❶ 利潤
❷ 減価償却費
❸ 設備
❹ 研究開発［R&D］
❺ 法人企業［会社企業，会社］
❻ 株主
❼ 配当
❽ 内部留保
❾ 有限責任
❿ M&A
⓫ 持株会社
⓬ コンプライアンス
⓭ ディスクロージャー

⊞ 図表で整理
❶ 会社法
❷ 合名会社
❸ 無限
❹ 合資会社
❺ 合同会社
❻ 株主総会
❼ 取締役
❽ 他人資本
❾ 出資

⊗ 正誤問題でチェック
① ○　　② ○　　③ ×
④ ×　　⑤ ×　　⑥ ×

解説
③ 返済義務のある社債をはじめとする外部から調達した資本のことを他人資本という。株式資本は自己資本。
④ 株主が有限責任を負う。
⑤ 持株会社は株式を保有する会社の事業活動を管理下において，実質的に支配している。
⑥ コーポレート・ガバナンスとは，株主の利益の保護のため，経営者が適切な会社運営を行うよう監視するしくみのこと。

〈p.54〜55〉

20 市場経済の機能と限界

✐ 重要語句で整理
❶ 需要
❷ 供給
❸ 自動調節機能
　　［自動調整作用］
❹ 均衡価格
❺ 効率的
❻ 競争
❼ 情報
❽ 公共財
❾ カルテル
❿ コンツェルン
⓫ 管理
⓬ 非価格
⓭ 独占禁止

⊞ 図表で整理
❶ 需要
❷ 上昇
❸ 供給
❹ 下落
❺ 経済
❻ 補助金
❼ 不経済
❽ 課税
❾ 協定
❿ トラスト
⓫ 株式

⊗ 正誤問題でチェック
① ×　　② ×　　③ ×
④ ×　　⑤ ○

解説
① 完全競争市場の実現のためには，売り手と買い手が多数存在することが必要である。
② 寡占企業が支配的な状況下では，宣伝・広告・デザインなどの非価格競争が盛んになる。
③ 下落と上昇が逆である。
④ 寡占市場では，資源が効率的に配分されにくい。

〈p.56〜57〉

21 国民所得と経済成長

⚠ 重要語句で整理

❶ ストック
❷ 国内総生産
❸ 固定資本減耗
❹ 国民所得
❺ 対外純資産
❻ 社会資本
❼ 国民純福祉
❽ 人間開発指数
❾ 経済成長率
❿ インフレーション［インフレ］
⓫ デフレスパイラル
⓬ 消費者物価
⓭ 企業物価

⊞ 図表で整理

❶ GDP
❷ GNI
❸ NNP
❹ NI
❺ GNE
❻ 好況
❼ 不況
❽ キチン
❾ ジュグラー
❿ クズネッツ
⓫ コンドラチェフ

⊗ 正誤問題でチェック

① ○　② ×　③ ×
④ ×　⑤ ×　⑥ ○

解説
② 国民純生産は，国内総生産から固定資本減耗を差し引いたもの。
③ GDPはすべてNIの誤り。
④ 通貨の相対的価値が上昇するの誤り。
⑤ デフレーションはインフレーションの誤り。

〈p.58〜59〉

22 金融のしくみ

⚠ 重要語句で整理

❶ 金本位
❷ 管理通貨
❸ 現金通貨
❹ 直接金融
❺ 間接金融
❻ 短期金融市場
❼ 支払決済
❽ 銀行の銀行
❾ 公開市場操作
❿ 量的緩和
⓫ 金融ビッグバン
⓬ 金融
⓭ ペイオフ

⊞ 図表で整理

❶ 日本銀行
❷ 家計
❸ 企業
❹ 証券市場
❺ マネタリーベース
❻ マネーストック
❼ 引き締め
❽ 緩和
❾ 国債
❿ 預金準備率

⊗ 正誤問題でチェック

① ×　② ×　③ ×
④ ○　⑤ ×　⑥ ×

解説
① 管理通貨制度は金本位制の誤り。
② 直接金融にあたる。
③ 預金準備率の引き下げは金融緩和につながる政策である。
⑤ 自己資本比率の基準を満たすため，金融機関による貸し渋りが行われるようになった。
⑥ 元本1,000万円までとその利子が保護される。

〈p.60〜61〉

23 財政のしくみ

⚠ 重要語句で整理

❶ 一般会計
❷ 特別会計
❸ 資源配分
❹ 所得の再分配
❺ 景気［経済］
❻ 租税法律
❼ 直接税
❽ 垂直的
❾ 水平的
❿ 逆進
⓫ 応益
⓬ 特例［赤字］
⓭ 硬直
⓮ 少子高齢
⓯ 三位一体

⊞ 図表で整理

❶ 所得税　❷ 公債金
❸ 消費税　❹ 軍事［防衛］
❺ 国債　❻ 社会保障
❼ 引き上げる
❽ 引き下げる
❾ 減らす
❿ 増やす　⓫ 間接税
⓬ 国税　⓭ 所得税
⓮ 消費税　⓯ 地方税

⊗ 正誤問題でチェック

① ×　② ×　③ ○
④ ○　⑤ ×　⑥ ×
⑦ ×

解説
①②ともに引き上げるの誤り。
⑤ 水平的公平とは，所得水準の同じ人々には，同じ税負担を課すという考え。
⑥ 財投債は建設国債の誤り。
⑦ 基礎的財政収支は，国債収入を除く歳入額と，国債費を除く歳出額とのバランスのこと。

〈p.62～63〉

＝定期テスト対策問題＝

1

(1)① キ　　② カ
　　③ ア　　④ オ
　　⑤ ク　　⑥ エ
(2)食料費
(3)A…アウトソーシング
　　B…コンプライアンス
　　C…アカウンタビリティ
　　D…有限責任

解説

(1)② 貯蓄は現金，銀行預金や郵便貯金，国債や株式などの形で行われる。
　④ 経営者は，会社の利潤や規模の拡大を目標として，実際の経営にあたる。
(3)A ほかに，部品を海外で調達する意味で使われることがある。
　B 2006年，虚偽の有価証券報告書を提出したライブドアに対する強制捜査で株式市場が大混乱に陥り，コンプライアンスへの意識の高まりをもたらした。
　D 株主は自らの財産を負債の返済にあてる必要はない。ただし，出資額の全額をあきらめなければならない。

2

(1)① コ　　② ケ
　　③ キ　　④ イ
　　⑤ オ　　⑥ エ
(2)ア
(3)競争の不完全性
(4)三面等価の原則

解説

(1)④ 総生産額から中間生産物を差し引いた額。海外で活動する企業が増えた結果，GNPに代わって，GDPが生産活動水準を測る指標となった。
　⑤ 減価償却費と，災害などの事故による損失を合計したもの。
　⑥ 国民純生産は消費税などの間接税込みの市場価格で算出されるため，間接税の分を控除する。

(2)供給曲線が右へ移動するということとは，供給が増大するということを示す。企業が生産活動を行う上で有利と考えられることがらが，この社会変化にあてはまる。
(3)市場における健全な競争は，適正な価格と品質の向上をもたらす。

3

(1)① ク　　② ケ
　　③ オ　　④ エ
　　⑤ ア　　⑥ ウ
　　⑦ カ　　⑧ キ
　　⑨ イ
(2)例 金の保有量に関係なく，必要に応じて紙幣を発行することができる制度。
(3)イ
(4)累進課税(制度)
(5)ウ
(6)エ

解説

(1)② ③ 間接金融は金融機関を通じて，直接金融は資本市場を通じて資金が提供される。
　④ 法人，個人，地方公共団体などが保有する通貨量の残高である。金融機関や政府が保有する預金は除く。
　⑧ 日本の直接税の比率はアメリカより低く，ヨーロッパ諸国よりは高い。
(5)イ，エは日本銀行の金融政策。

7章　日本経済のあゆみ

〈p.64～65〉

24 経済復興から高度成長へ

⚠重要語句で整理

❶ 財閥
❷ 独占禁止法
❸ 農地改革
❹ 傾斜生産
❺ 復興金融金庫
❻ ドッジ・ライン
❼ シャウプ
❽ 特需
❾ 高度経済成長
❿ 国民所得倍増
⓫ OECD
⓬ 規模

⊞図表で整理

❶ 持株会社
❷ 自作農
❸ 労働組合法
❹ 補助金
❺ 課税
❻ 通貨
❼ 神武
❽ 岩戸
❾ いざなぎ

⊗正誤問題でチェック

① ○　　② ×　　③ ×
④ ○　　⑤ ×　　⑥ ×

解説

② 308円は360円の誤り。308円に移行したのは，1971年のニクソン・ショック後のスミソニアン合意によるもの。
③ 安定恐慌からの脱却は，朝鮮戦争による特需を待たなければならなかった。また，赤字国債の発行は財政法で原則禁止されていた。
⑤ いざなぎ景気は1965～70年，日本列島改造論は1972年に田中角栄内閣が発表した政策。
⑥ 軽工業から重化学工業へと変化した。

〈p.66〜67〉

25 オイル・ショック後の日本経済

⚠ 重要語句で整理

❶ ニクソン・ショック
❷ OPEC（オペック）
❸ 石油危機
❹ 減量
❺ 知識集約型
❻ 安定
❼ 貿易摩擦［経済摩擦］（まさつ）
❽ 内需主導型（ないじゅ）
❾ 第三次
❿ 高度
⓫ ペティ・クラーク
⓬ サービス化
⓭ ソフト化
⓮ 日米構造

⊞ 図表で整理

❶ 第一次
❷ 第二次
❸ 第三次
❹ 摩擦
❺ 鉄鋼
❻ カラーテレビ
❼ 自動車
❽ 半導体
❾ 301
❿ 包括（ほうかつ）

⊗ 正誤問題でチェック

① ×　②○　③○
④○　⑤ ×　⑥○

[解説]
① 第1次石油危機の影響で，1974年に高度経済成長後初めてマイナス成長に陥った。（ガット）
⑤ GATTウルグアイ・ラウンド（1994年）での合意による。ウルグアイ・ラウンドは，貿易の自由化を進めるため，1986年に始まった通商交渉（こうしょう）である。

〈p.68〜69〉

26 日本経済の現状

⚠ 重要語句で整理

❶ プラザ合意
❷ 円高（えんだか）
❸ 平成景気
❹ 資産
❺ 平成
❻ 不良債権（さいけん）
❼ リストラクチャリング［リストラ］
❽ 構造
❾ 郵政
❿ 特殊法人
⓫ 世界金融
⓬ 東日本大震災（ひがし にほんだいしんさい）
⓭ 新型コロナウイルス

⊞ 図表で整理

❶ 円高
❷ バブル［平成］
❸ 平成
❹ 公定歩合（ぶあい）
❺ 消費税
❻ 金融再生
❼ 量的緩和
❽ 世界金融
❾ デフレーション［デフレ］

⊗ 正誤問題でチェック

① ×　② ×　③○
④ ×　⑤ ×

[解説]
① 高付加価値の商品を製造する知識集約的な生産方法へ転換した。
② 財政支出の拡大は，バブル崩壊後（ほうかい）の平成不況で実施された。
④ 護送船団方式とは，最も遅い船に合わせて護衛をすることで，第二次世界大戦後の金融行政において行われた。バブル崩壊後,金融ビッグバンによって次第に消滅していった。
⑤ 消費者物価の下落に，実質所得の減少と消費の低下をともなうデフレスパイラルが現れはじめた。

〈p.70〜71〉

定期テスト対策問題

1
(1)① セ　② シ
　③ ケ　④ オ
　⑤ イ　⑥ ク
　⑦ ウ
(2) 傾斜生産方式
(3) A…規模の利益
　　B…資本

[解説]
(1)② インフレーションを終わらせ，日本経済を自立させるために打ち出された。
④ 復興金融金庫の原資調達のため，日本銀行が多額の復金債と国債を引き受けたことにより，インフレーションが激化した。
⑥ 朝鮮戦争の特需（ちょうせん）（とくじゅ）に基づく輸出額は，最盛期には輸出総額の約3分の2を占めるに至った。（し）
(2)特に鉄鋼・石炭の増産に力が入れられた。
(3) A 一方で，一定地域内で生産が集中的に行われることによって，経費を節約できることを，集積の利益という。
B 資本取引の自由化は，国際収支の黒字化とともに急速に進んでいった。

2
(1)① キ　② オ
　③ カ　④ ア
　⑤ コ　⑥ ウ
(2) スタグフレーション
(3) ウ
(4) A…スーパー301条
　　B…[例] 輸出数量の自主規制を行った。[海外に工場をつくり，進出先の雇用を創出した。]

[解説]
(1)② 先進国は一次エネルギーに占める石油の割合が高くなっていたため，石油の供給危機が経済に（きょうきゅう）大きな打撃をあたえた。

④ エネルギーの使用の合理化に関する法律(省エネ法)が制定され、どれだけ少ないエネルギーで事業活動ができたかが評価されるようになった。

⑥ レーガン政権下において「双子(ふたご)の赤字」が拡大した。財政赤字は1998年にいったん解消したが、ブッシュ政権で再発した。

(3) 研究開発集約産業の電子計算機、航空機、産業ロボットなど、高度組立産業の工作機械、工業化住宅など、ファッション型産業の高級衣類、高級家具など、知識産業の情報処理サービス、コンサルティングなどがあてはまる。

3

(1) ① オ   ② エ
    ③ ア   ④ ウ
(2) 資産効果
(3) ウ
(4) 構造改革
(5) ウ

解説

(1) ② 資金を貸し出した先が返済できないと、その貸し出した額が銀行の損失となる。

④ サブプライムローン(低所得者向けの住宅ローン)の延滞率(えんたい)が上昇し、住宅ローン専門会社の倒産が続いた。この影響を受け、アメリカの投資銀行であるリーマン・ブラザーズが破綻(はたん)した。

(3) 貯蓄から消費へ向かわせようとした。このほか、銀行が日本銀行に預けている預金残高を増やすことを目的に、量的緩和政策(かんわ)がとられた。

8章　日本経済の課題

〈p.72〜73〉

27 公害と環境保全

⚠ 重要語句で整理

❶ 消費生活
❷ 大気
❸ 足尾銅山鉱毒(あしお)(こうどく)
❹ 四大公害
❺ 公害対策基本
❻ 環境庁
❼ 汚染者負担(お せんしゃ ふ たん)
❽ 総量規制
❾ 環境税
❿ 環境アセスメント
⓫ 環境基本
⓬ 循環型社会形成推進基本(じゅんかん)
⓭ 拡大生産者責任
⓮ ゼロ・エミッション

⊞ 図表で整理

❶ 水俣病(みなまたびょう)
❷ 有機水銀
❸ イタイイタイ病
❹ カドミウム
❺ 新潟水俣病(にいがた)
❻ 四日市ぜんそく(よっ か いち)
❼ 環境基本法
❽ 循環型社会形成推進基本法
❾ リデュース
❿ リユース
⓫ リサイクル

⊗ 正誤問題でチェック

① ×   ② ×   ③ ○
④ ×

解説

① 三菱油化は昭和電工の誤り。
② 開発の事業者自らが調査、予測、評価を行う。
④ 濃度規制は総量規制の誤り。

〈p.74〜75〉

28 消費者問題

⚠ 重要語句で整理

❶ 非対称(ひ たいしょう)
❷ 依存(い そん)
❸ デモンストレーション
❹ 消費者主権
❺ 消費者基本
❻ 製造物責任法
❼ クーリング・オフ
❽ 消費者契約
❾ 消費者庁
❿ トレーサビリティ
⓫ 自己破産
⓬ グリーン・コンシューマー
⓭ エシカル[倫理的]

⊞ 図表で整理

❶ 安全
❷ 知らされる
❸ 選択
❹ 意見
❺ 消費者保護基本法
❻ 国民生活センター
❼ 石油危機
❽ 合成洗剤
❾ 食品安全基本法

⊗ 正誤問題でチェック

① ×   ② ×   ③ ×
④ ×   ⑤ ○   ⑥ ×

解説

① 消費者基本法の誤り。
② 特定商取引法の誤り。
③ 消費者契約法は2000年に制定。国民生活センターは、食中毒事件などをきっかけに、1970年に設立された。
④ 製造業者は、過失の有無にかかわらず損害を賠償(ばいしょう)する責任がある。
⑥ 2022年に施行された改正民法により、成年年齢が引き下げられた。

29 農業・食料問題

✏️ 重要語句で整理

❶ 高度
❷ 後継者
❸ 耕作放棄地（ほうき）
❹ 主業
❺ 農地
❻ 農業基本
❼ 食糧管理
❽ 減反（げんたん）
❾ 食糧
❿ 新農業基本法
⓫ 経営所得安定
⓬ TPP11（協定）

⊞ 図表で整理

❶ 販売
❷ 第一種
❸ 第二種
❹ 準主業
❺ 副業的
❻ 自主流通米
❼ 牛肉
❽ 関税
❾ 株式会社［農業生産法人］
❿ トレーサビリティ

⊗ 正誤問題でチェック

① × ② ○ ③ ×
④ ○ ⑤ × ⑥ ×

解 説
① 生産者米価と消費者米価が逆。
③ 第二種兼業農家の割合は高度経済成長期に急増し，1960年代に専業農家を上回った。
⑤ 減反政策は，市場競争力を高めるためという理由から，2018年に廃止された。
⑥ 食糧管理法は1990年代の米市場開放問題などを背景として廃止され，食糧法が制定された。

---

30 中小企業

✏️ 重要語句で整理

❶ 中小企業基本
❷ 資本装備率
❸ 二重
❹ 系列
❺ 地場（じ ば）
❻ ベンチャー・ビジネス
❼ ニッチ（市場）
❽ 社会的
❾ 産業クラスター
❿ M＆A
⓫ クラウド・ファンディング

⊞ 図表で整理

❶ 中小企業
❷ 従業者
❸ 大企業
❹ 家族
❺ 労働組合
❻ 下請け（したう）

⊗ 正誤問題でチェック

① × ② ○ ③ ×
④ ○ ⑤ ○ ⑥ ○
⑦ ×

解 説
① 中小企業基本法は1999年に改正され，「大企業との格差是正（ぜせい）」から「多様で活力ある成長発展」へと基本理念が見直された。
③ 中小企業の企業数は全体の99％，従業者数は約3分の2を占める。一方で，出荷額は約半分にとどまる。
⑦ 電子商取引の広まりによって，ベンチャー企業として世界的な成功をおさめる中小企業も増えている。

---

31 雇用と労働問題

✏️ 重要語句で整理

❶ 契約自由
❷ 労働組合
❸ 国際労働機関
❹ 団結権
❺ 労働基準
❻ 労働組合
❼ 総評 ❽ 連合
❾ 終身雇用
❿ 非正規雇用
⓫ フリーランス
⓬ テレワーク
⓭ ワーキングプア
⓮ ワーク・ライフ・バランス

⊞ 図表で整理

❶ 8
❷ 労働協約
❸ 不当労働行為
❹ 労働関係調整法
❺ 斡旋（あっせん）
❻ 調停
❼ 仲裁（ちゅうさい）
❽ 最低賃金法
❾ 障害者雇用促進法（そくしん）
❿ 労働安全衛生法
⓫ 育児・介護休業法
⓬ 男女雇用機会均等法（けん）
⓭ 労働者派遣法（は けん）
⓮ 労働審判法
⓯ 労働契約法

⊗ 正誤問題でチェック

① × ② ○ ③ ×
④ × ⑤ × ⑥ ○
⑦ ○

解 説
① 農民は労働者の誤り。
③ 育児・介護休業法の誤り。
④ パート・派遣を問わず，すべての労働者に適用される。
⑤ 年功序列型賃金は，労働成果とは無関係に勤続年数によって賃金が上昇するもの。

〈p.82〜83〉

32 社会保障と国民福祉

✍ 重要語句で整理

❶ エリザベス救貧

❷ ワイマール

❸ ベバリッジ報告

❹ フィラデルフィア

❺ 国民皆年金

❻ 公的扶助

❼ 社会保険

❽ 社会福祉

❾ 公衆衛生

❿ 国民年金

⓫ 賦課方式

⓬ 少子高齢

⓭ 後期高齢者医療

⓮ 介護保険

⓯ バリアフリー

⓰ ノーマライゼーション

⊞ 図表で整理

❶ 医療

❷ 高齢者

❸ 年金

❹ 雇用

❺ 労災

❻ 生活保護

❼ 児童

❽ 環境

❾ 国民年金

❿ 厚生年金

⊗ 正誤問題でチェック

① ×　　② ×　　③ ○

④ ×　　⑤ ×　　⑥ ○

⑦ ○

解説

① ドイツはイギリスの誤り。

② 自力で生活できない困窮者を救済する制度である。

④ 修正積立方式から，実質的に賦課方式へと移行した。

⑤ 労災保険では，事業主が保険料を全額負担する。

〈p.84〜85〉

▭ 定期テスト対策問題 ▭

1

(1)① ウ

　② イ

　③ カ

(2) エ

(3)例 消費者の購買行動によって，市場での生産のあり方が最終的に決定されるとする考え方。

(4) 四日市ぜんそく

解説

(1)① 生産過程に起因する公害は産業公害，大都市への人口・産業の集中に起因する公害は都市公害，生活系のごみによる公害は消費生活公害という。

② 汚染者負担の原則(PPP)は，OECD(経済協力開発機構)が1972年に採択した「環境政策の国際経済的側面に関する指導原則」で示された。

(2) アは欠陥商品による被害の救済，イは環境に配慮した購入活動の推進，ウは消費者の生活の向上を目的とする。

(4) 水俣病，新潟水俣病，イタイイタイ病は，水質汚濁が原因。

2

(1)① エ　　② ア

(2) ウ→ア→イ

(3) ウ

(4) A…(経済の)二重構造

　　B…中小企業基本法

解説

(1)① 農業従事者全体の平均年齢は，65歳をこえている。

(2) ウは1970年，アは1995年，イは2011年。

(3) 副業的農家が最多で，準主業農家，主業農家がそれに続く。

(4) A 大企業は，低賃金の中小企業をコスト面で利用している。

　　B 中小企業に関する施策と，国や地方公共団体の責務について定めている。

3

(1)① イ　　② カ

　③ ア　　④ キ

(2) A…8

　　B…40

(3) イ

(4)例 新規学卒者を同じ企業内で定年まで雇用する制度。

解説

(1)① 団結権，団体交渉権，団体行動権(争議権)の労働三権と，勤労の権利からなる。

③ 採用，配置，昇進などにおける性別による不利益な扱いを禁止した法律である。

(2) 業種，事業所の規模によっては，週44時間まで認められる。

(3) アは労働者どうしでの仕事の分け合い，ウは就業・就学の意志のない若者のこと。

4

(1)① エ　　② イ

　③ キ　　④ ア

　⑤ カ

(2) ウ

(3) 介護保険

(4) デイサービス

(5) 後期高齢者医療制度

解説

(1)① 平均寿命は，2060年には男性84.19年，女性90.93年に達すると見込まれている。

② 2020年現在，合計特殊出生率は1.33となっている。

(2) 高齢化社会は7％以上，高齢社会は14％以上，超高齢社会は21％以上で，現在の日本は超高齢社会の段階にある。

(4) このほかホームヘルパー(訪問介護)，ショートステイ(療養介護)などのサービスがある。

9章　現代の国際政治

〈p.86～87〉

33 国際社会と国際法

✓ 重要語句で整理

❶ ウェストファリア
❷ 主権
❸ 勢力均衡
❹ 国民国家
❺ ナショナリズム
❻ 民族自決
❼ 国際連盟
❽ グロティウス
❾ 国際慣習法
❿ 国際司法裁判所
⓫ 国際刑事裁判所
⓬ ロシア

⊞ 図表で整理

❶ 条約
❷ 慣行
❸ 不干渉
❹ 公海
❺ 領海
❻ 領空
❼ 排他的経済水域［EEZ］

⊗ 正誤問題でチェック

① ○　　② ○　　③ ○
④ ×　　⑤ ×　　⑥ ×
⑦ ○

解説
④ 批准などの手続きで同意を表明した国家に対してのみ，条約は拘束力をもつ。
⑤ 国際司法裁判所の判決は紛争当事国に対して拘束力をもち，これに従わない場合は安全保障理事会による制裁の対象となる。
⑥ 国際刑事裁判所は，1998年7月のローマ規程に基づき，2003年3月，ハーグに設置された。

〈p.88～89〉

34 国際連合と国際協力

✓ 重要語句で整理

❶ ウィルソン
❷ 全会一致
❸ 国連憲章［国際連合憲章］
❹ 総会
❺ 安全保障理事会［安保理］
❻ 拒否
❼ 経済社会理事会
❽ NGO
❾ 分担金
❿ 「平和のための結集」
⓫ 平和維持活動
⓬ 多国籍軍
⓭ 持続可能な開発目標

⊞ 図表で整理

❶ 勢力均衡
❷ 集団安全保障
❸ 事務局
❹ UNCTAD
❺ UNICEF
❻ WTO
❼ ILO
❽ UNESCO
❾ WHO
❿ IMF

⊗ 正誤問題でチェック

① ×　　② ×　　③ ○
④ ×　　⑤ ×　　⑥ ○

解説
① 重要事項に関しては，常任理事国5か国をふくむ9か国以上の賛成により決議が成立する。5常任理事国の1か国でも反対すると決定できない(拒否権)。
② 1994年からは活動を停止している。
④ 国連貿易開発会議は南北問題の検討のために設置された。OEEC(欧州経済協力機構)が1961年に改組してOECD(経済協力開発機構)となった。
⑤ 総会と安全保障理事会が逆である。

〈p.90～91〉

35 国際政治の動向

✓ 重要語句で整理

❶ トルーマン・ドクトリン
❷ 北大西洋条約機構
❸ コミンフォルム
❹ ワルシャワ条約機構
❺ デタント
❻ 中ソ
❼ アジア・アフリカ会議
❽ マルタ会談
❾ 独立国家共同体
❿ 欧州連合
⓫ 東南アジア諸国連合
⓬ アジア太平洋経済協力
⓭ 同時多発テロ

⊞ 図表で整理

❶ 朝鮮
❷ ベルリン
❸ キューバ
❹ ベトナム
❺ プラハ
❻ 中華人民共和国［中国］
❼ 欧州安全保障協力会議
❽ アフガニスタン
❾ ドイツ
❿ ソ連
⓫ アメリカ
⓬ イラク

⊗ 正誤問題でチェック

① ×　　② ○　　③ ○
④ ×　　⑤ ○　　⑥ ×

解説
① マーシャル・プランはアメリカが実施した，戦争で被災したヨーロッパ諸国の復興のための援助計画。
④ 「プラハの春」は1968年に始まった自由化・民主化運動。「ビロード革命」の誤り。
⑥ 米軍を中心とする多国籍軍がイラクを攻撃した。

⟨p.92〜93⟩

36 核兵器と軍縮

⟮!⟯ 重要語句で整理

❶ 核抑止
❷ 原水爆禁止
❸ パグウォッシュ
❹ 部分的核実験禁止条約
❺ 核拡散防止条約
　[核不拡散条約]
❻ 軍縮特別総会
❼ 中距離核戦力[INF]全廃
❽ 戦略兵器削減
❾ 包括的核実験禁止条約
❿ 戦略攻撃兵器削減条約
⓫ 核兵器禁止条約
⓬ 非核地帯
⓭ 対人地雷全面禁止
⓮ クラスター爆弾禁止

⊞ 図表で整理

❶ 水爆
❷ アインシュタイン
❸ イギリス
❹ NPT
❺ SALT
❻ START
❼ CTBT
❽ ロシア
❾ 核兵器禁止条約
❿ フランス
⓫ パキスタン
⓬ 南太平洋

⊗ 正誤問題でチェック

① ×　　② ×　　③ ○
④ ×

解説
① パグウォッシュ会議は，ラッセルとアインシュタインによる「ラッセル・アインシュタイン宣言」を受けて，1957年に開催された。
② 核不拡散，核軍縮交渉を行う義務，原子力の平和利用が定められた。核戦力の上限は設定されていない。
④ 西アジアは非核地帯条約が結ばれていない。

⟨p.94〜95⟩

37 国際紛争と難民

⟮!⟯ 重要語句で整理

❶ アパルトヘイト
❷ クルド
❸ ユーゴスラビア
❹ 国連難民高等弁務官
❺ ノン・ルフールマン
❻ マイノリティ
❼ 自民族中心主義
❽ 多文化主義
❾ 地域
❿ コソボ
⓫ ルワンダ
⓬ チェチェン
⓭ 欧州難民

⊞ 図表で整理

❶ グレナダ
❷ コンゴ
❸ カンボジア
❹ ソマリア
❺ シリア
❻ ウクライナ
❼ 米州機構
❽ 全欧安保協力機構
❾ ASEAN地域フォーラム
❿ アフリカ連合

⊗ 正誤問題でチェック

① ×　　② ×　　③ ×
④ ×　　⑤ ○

解説
① 冷戦終結は1989年のマルタ会談による。難民条約(難民の地位に関する条約)は，1951年に国際連合の会議で採択された。
② モンテネグロは，スロベニアとクロアチアの誤り。
③ フツ族とツチ族が逆である。
④ 多文化主義は，民族や人種の多様性を尊重し，社会において不利益を被る立場におかれている人々も平等に社会参加できるような国づくりをめざすものである。

⟨p.96〜97⟩

38 国際政治と日本

⟮!⟯ 重要語句で整理

❶ ポツダム宣言
❷ サンフランシスコ平和
❸ 日米安全保障
❹ 日ソ共同宣言
❺ 自由主義
❻ アジア
❼ 賠償金
❽ 日韓基本
❾ 日中共同声明
❿ 北方領土
⓫ 拉致
⓬ 人間
⓭ 相互依存

⊞ 図表で整理

❶ 朝鮮
❷ GATT
❸ ソ連
❹ 国際連合
❺ OECD
❻ 大韓民国[韓国]
❼ 沖縄
❽ 中華人民共和国
❾ 日中平和友好条約
❿ アジア
⓫ 竹島
⓬ ロシア
⓭ 尖閣諸島
⓮ 200
⓯ 沖ノ鳥島

⊗ 正誤問題でチェック

① ○　　② ×　　③ ○
④ ×　　⑤ ×　　⑥ ×

解説
② 日ソ共同宣言の誤り。
④ 1976年の三木内閣の誤り。
⑤ 有事法制関連7法は2004年に成立した国民保護法などのこと。
⑥ 青年海外協力隊は，国際協力機構(JICA)の事業である。

〈p.98〜99〉

＝ 定期テスト対策問題 ＝

1

(1) ① コ　② ス
　　③ オ　④ セ
　　⑤ シ　⑥ エ
　　⑦ ク　⑧ ウ

(2) 例 総会と理事会の議決が全会一致制であり，有効な決定ができなかったため。

(3) ア，エ

〔解説〕

(1) ② ナショナリズムには，他民族のことをかえりみない自民族中心主義を生む危険性もある。
　④ 法の起源，戦争が生じる原因，戦争において許容される行為などについて考察している。
　⑥ 国際連合においては，経済制裁，武力制裁，停戦監視団の派遣などがこれにあてはまる。
　⑧ 1996年には，核兵器の違法性に関する勧告的意見を出した。

(2) 国際連盟の提唱国であるアメリカが，議会の反対により加盟しなかったこと，経済制裁はできたが武力制裁はできなかったこと，なども理由としてあげられる。

(3) アは国連開発計画，イは国際労働機関，ウは世界保健機関，エは国連貿易開発会議の略称。

2

(1) ① ク　② エ
　　③ イ　④ ア
　　⑤ オ

(2) ウ

(3) デタント〔緊張緩和〕

〔解説〕

(1) ② アメリカ，ソ連（現ロシア），イギリス，フランス，中国の5か国のみに核兵器保有を認めた。
　④ トラテロルコ条約（1967年）でラテンアメリカおよびカリブ海地域の，ラロトンガ条約（1985年）で南太平洋地域の，バンコク条約（1995年）で東南アジア地域の，ペリンダバ条約（1996

年）でアフリカ地域の，中央アジア非核兵器地帯条約（2006年）で中央アジア地域の非核化を宣言。

(2) イは西側による北大西洋条約機構。エはアメリカがギリシャ，トルコへの軍事支援を議会に要請した方針。

(3) デタントは1960年代から1979年のソ連によるアフガニスタン侵攻まで続いた。

3

(1) ① オ　② エ
　　③ ウ

(2) 自由主義諸国との協調

(3) ア

(4) ① ミャンマー
　　② 大韓民国〔韓国〕

〔解説〕

(1) ① 中国は講和会議に招かれなかった。インド，ビルマ（現ミャンマー），ユーゴスラビアは条約に反対して参加しなかった。講和会議に参加したソ連，チェコスロバキア，ポーランドの3か国は調印しなかった。
　③ ベトナム戦争の基地としての役割を果たしていた沖縄では，反戦，祖国復帰運動が高まった。

(2) 残りの2つは国連中心主義，アジアの一員としての立場の堅持。

(3) フィリピン，南ベトナム，インドネシア，ビルマの4か国は，二国間協定による賠償を受け取った。

(4) ② 1952年，竹島を韓国領に取り込む「李承晩ライン」が一方的に設定された。

10章　現代の国際経済

39 貿易と国際収支

！ 重要語句で整理

❶ リカード
❷ 自給自足
❸ 水平的
❹ 垂直的
❺ 自由
❻ 保護
❼ 経常
❽ 金融
❾ 外貨準備
❿ （外国）為替相場
⓫ 公的介入
⓬ 円高
⓭ 円安

図表で整理

❶ 貿易・サービス収支
❷ 第一次所得収支
❸ 直接投資
❹ 証券投資
❺ 輸出
❻ 黒字
❼ 空洞
❽ 輸入

✕ 正誤問題でチェック

① ✕　② ✕　③ ○
④ ✕　⑤ ✕　⑥ ○
⑦ ○

〔解説〕

① 国内産業の保護を目的とする，保護貿易を行うべきと主張した。
② 日本のサービス収支は，赤字が続いていたが，赤字幅はしだいに縮小し，2019年には黒字に転じた。
④ 自国通貨安は輸入品の価格を引き上げる要因となるため，物価上昇要因となる。
⑤ ドル高・円安についての説明。

40 国際経済体制の変化

✍ 重要語句で整理

❶ IMF
❷ GATT（ガット）
❸ 無差別
❹ ニクソン・ショック
❺ 変動為替相場
❻ SDR
❼ 南北
❽ 南南
❾ NIEO（ニエオ）
❿ NIES（ニーズ）
⓫ 輸出志向工業化
⓬ WTO

⊞ 図表で整理

❶ 360
❷ ニクソン
❸ スミソニアン
❹ 石油危機［オイル・ショック］
❺ 多国間
❻ 紛争
❼ ケネディ
❽ 東京
❾ ウルグアイ
❿ ドーハ

✕ 正誤問題でチェック

① ×　　② ×　　③ ○
④ ○　　⑤ ×

解説
① 変動為替相場制と固定為替相場制が逆。
② SDRはユーロ，円，ドルなどの通貨バスケットから構成され，日々の為替相場をもとに変動する。
⑤ WTO（世界貿易機関）は，GATT（関税と貿易に関する一般協定）を前身とし，1995年にマラケシュ協定に基づき設立された。

41 グローバル化する国際経済

✍ 重要語句で整理

❶ 直接投資
❷ グローバル
❸ グローバル・スタンダード
❹ デリバティブ
❺ デジタル
❻ ヘッジファンド
❼ アジア通貨
❽ サブプライムローン
❾ リーマン・ショック
❿ ギリシャ
⓫ 底辺
⓬ 新型コロナウイルス

⊞ 図表で整理

❶ 世界金融危機
❷ 新型コロナウイルス
❸ ギリシャ
❹ ユーロ
❺ 日本
❻ アメリカ

✕ 正誤問題でチェック

① ×　　② ×　　③ ○
④ ○　　⑤ ×　　⑥ ×

解説
① 日本では超高速売買システムを導入した最先端のデリバティブ市場が設置されている。
② ヘッジファンドは投資信託の一種。
⑤ 世界金融危機はサブプライムローン問題がきっかけ。ITバブルの崩壊は2001年のできごとである。
⑥ IMFの目的は為替の安定，為替制限の撤廃，外貨資金の供与の3つ。資本の自由な移動を禁止したことはない。

42 地域的経済統合

✍ 重要語句で整理

❶ 地域　　❷ EEC
❸ EC　　❹ EU
❺ ECB　　❻ ユーロ
❼ ASEAN（アセアン）
❽ APEC（エイペック）
❾ USMCA
❿ メルコスール［MERCOSUR］
⓫ FTA　　⓬ EPA
⓭ TPP11（協定）
⓮ RCEP（アールセップ）

⊞ 図表で整理

❶ ECSC
❷ EURATOM
❸ マーストリヒト
❹ リスボン
❺ イギリス
❻ インド
❼ マレーシア
❽ メキシコ
❾ ペルー
❿ チリ

✕ 正誤問題でチェック

① ○　　② ○　　③ ×
④ ×　　⑤ ×　　⑥ ×

解説
③ ユーロ圏の金融政策は，ECB（欧州中央銀行）および各国中央銀行からなるESCB（欧州中央銀行制度）を通じて，単一の金融政策として行われている。
④ ユーロは加盟国の経済の安定を目的として導入されたが，2023年1月現在，デンマーク，スウェーデンなど未導入の加盟国もある。
⑤ NAFTAは1994年，メルコスールは1995年に発足。
⑥ FTAは，域内無関税・数量制限撤廃をめざす経済統合の初期段階のもの。投資や知的財産権に関する合意をふくむ協定はEPA（経済連携協定）。

43 地球環境問題と経済協力

✏️ 重要語句で整理

❶ 国連人間環境
❷ UNEP
❸ フロンガス
❹ 国連環境開発
❺ 持続可能
❻ 京都
❼ パリ
❽ 環境
❾ 枯渇（こかつ）
❿ 偏在
⓫ 再生可能
⓬ 絶対的
⓭ DAC（ダック）
⓮ ODA
⓯ UNCTAD（アンクタッド）
⓰ （一般）特恵（とっけい）
⓱ HDI
⓲ NGO

🗂 図表で整理

❶ ラムサール
❷ 人間環境
❸ ワシントン
❹ モントリオール
❺ 地球サミット
❻ 温室効果
❼ 持続可能
❽ IDA
❾ OECD
❿ プレビッシュ
⓫ NIEO（ニエオ）

✕ 正誤問題でチェック

① ×　　② ○　　③ ○
④ ○　　⑤ ×　　⑥ ×

解説
① 水鳥の生息地を保全するための条約は，ラムサール条約である。
⑤ 資金貸付である円借款が中心。
⑥ フェアトレードは垂直的分業の誤り。

定期テスト対策問題

1
(1) ① ウ　　② カ
　　③ キ　　④ ア
(2) A…イ
　　B…ウ

解説
(1) ② 逆に輸入が増えると，輸入代金はドルで支払われるため，日本企業は円をドルに交換する。この結果，円売りドル買いに傾く。
④ 海外の債券，株式などへ投資すること。
(2) A 知的財産の価値が高まるにつれ，日本の特許料の収支は大幅な黒字へ転換していった。
B 対外純資産の増大にともない，日本の第一次所得収支は大幅な黒字が続いている。

2
(1) 金本位
(2) ブロック経済(化)
(3) GATT[関税と貿易に関する一般協定]（ガット）
(4) イ→ウ→ア
(5) 例 輸入代替工業化政策から，輸出志向工業化政策へ転換した。
(6) ウ

解説
(1) 世界恐慌のとき，金と紙幣（しへい）の兌換（だかん）に応じられなくなった銀行の多くが破綻（はたん）した。
(2) 自国と友好国以外の国からの輸入品に対して，高い関税障壁を設けた。
(4) イは1971年，ウは1973年，アは1976年。
(5) 輸出産業を育てて国際競争力を高める輸出志向工業化政策への転換により，経済成長の主要部門を工業製品輸出が担うこととなる。
(6) 暗号資産は2010年代から取引量が拡大した。

3
(1) ① ウ　　② キ
　　③ ク　　④ カ
　　⑤ エ　　⑥ イ
(2) イ
(3) EPA

解説
(1) ① ドイツ，フランス，イタリア，オランダ，ベルギー，ルクセンブルクが結成した。
④ 1967年のバンコク宣言によって結成された。
(2) 農業や漁業などの産業，通商の面で，共通政策を打ち立てた。
(3) FTAを軸にしながら，より幅広い分野において連携（れんけい）を強める。

4
(1) ① カ　② エ　③ オ
(2) オゾン層の破壊
(3) 絶対的貧困
(4) ウ

解説
(1) ① かつては，環境と開発は相反するものと考えられていたが，1992年の国連環境開発会議(地球サミット)において持続可能な社会の実現へ向けて地球規模で取り組むことが宣言された。
② Sustainable Development Goals の略称である。
(2) フロンガスがおもな原因物質である。フロンガスは，冷蔵庫の冷媒や電子部品の洗浄剤などに使用されていた。
(4) シェールガスは，頁岩（けつがん）の層から採取される天然ガスである。